報道現場

望月衣塑子

角川新書

はじめに

菅義偉《すがよしひで》首相が次期総裁選に出馬しない意向を表明した。2021年9月3日のことだ。前日まで衆議院の解散や党人事の刷新など、政権維持を打ち出していただけにとても驚いた。

私が官房長官だった菅氏の会見に出始めたのは17年6月のことだ。質問するという記者として当たり前の行為をしたのだが、SNSを中心に拡散されて注目されるようになった。私のことを菅氏に対峙《たいじ》する記者として認識している方も多いと思う。

しかし実は、20年9月を最後に私は菅氏に質問できていない。その前は20年4月までさかのぼらないとならない。その後は新型コロナウイルスの影響とはいえ、官房長官会見に出席すらできなくなった。会見に出始めたころは手を挙げている限り当てられたのに、なぜ出席も叶《かな》わないのか。私は、菅氏をふくめた官邸側だけの問題とは思わない。本書で考えていきたい。

記者会見に出るという日々のルーティンの一つがなくなったのは悔しいが、私はそのときどきでテーマを決め、深掘りする取材を行ってきた。

あるとき飛び込んできたのが、スリランカ人の留学生ウィシュマ・サンダマリさんの死亡事件だ。オーバーステイで名古屋出入国在留管理局（入管）に収容されたウィシュマさんは、体調不良で物が食べられなくなり、吐血までしたにもかかわらず、一度も点滴を受けることなく、33歳で亡くなった。いったい入管で何があったのか。救う手立てはなかったのか。

私は、入管を管轄する法務省の大臣会見に出て質問してみることにした。法務大臣は上川《かみかわ》陽子《ようこ》氏で、会見は火曜と金曜、週に2回行われている。会見に行って感じたのだが、とても静かだ。最初に幹事社の記者が代表質問を行う。上川氏が手元のペーパーを見ながら回答する。その後は自由質疑となるが、私が通いはじめた21年4月ごろは、私を除くと質問は一つか二つ。上川氏がまた手元を見ながら回答し、質問が重ねられることもなく終わる。

私はウィシュマさんの問題について、あれこれと質問した。

「女性は当初からＤＶ被害を訴えていました。入管の対応は適切だったと考えますか」

「遺族や弁護団はビデオの開示を要求しています。なぜできないのでしょうか」

上川氏は私の質問に丁寧に答えてくれる。きちんとした人だと感じた。とはいえ、「適切に対処してまいります」など表面的できれいな回答に終始していた。まれに感情を見せることもあり、そんなときには「やっと本音が見えた」と小さな達成感を覚えた。ただ私は会見場では、官房長官の会見同様、相変わらず浮いている。なぜなのだろう？

私が会見に出始めたころから考えても、記者をとりまく社会状況は大きく変化し、取材手法の見直しを余儀なくされた。

もっとも痛感したのが、18年4月に「週刊新潮」が報じた、財務省事務次官のセクハラ問題だ。テレビ朝日の女性社員が事務次官と一対一のお酒の席にたびたび呼ばれ、セクハラを繰り返されたという。「週刊新潮」に録音した音声を持ち込み、発覚した。

権力者が隠したい真実を明かすには、権力者から情報を得なくてはならない。しかし、それがハラスメントを伴っているなら問題だ。ただメディアではどこかそれを容認してしまっていた。推奨されることすらあったと聞く。今ではこの手法は「抱きつき取材」とも呼ばれるようになり、とくに若い記者たちから疑念の声が多く上がるようになった。

もう一つの印象的な出来事は、20年5月に発覚した検事長と記者らによる賭《か》けマージャンだ。検察庁法の改正議論のさなかにあったため、市民の間からは「当の検事に接触していたのになぜ記事になってないの?」という疑問が沸き上がった。一方、記者の間からは「ここまで食い込んでいたなんてさすがだ」と称賛のような声が上がった。この温度差は一体?

戦後最長となった安倍政権、その後を引き継いだ菅政権は、その間にさまざまな不正、疑惑、閣僚の辞任などがあった。財務省の公文書の改ざんでは、1人の公務員が自ら命を絶っている。にもかかわらず安倍氏は選挙で勝ち続け、政権のトップに居続けた。

その大きな要因の一つが、私たちメディアだと思っている。メディアと広げるより、記者一人一人と言った方がいいかもしれない。聞くべきことを聞かない。失敗や批判を過剰に恐れ、台本通りの質問をする。もちろん、強い危機感をもって取材にあたっていた記者も少なくないが、一部だった。その根底に、市民と乖離《かいり》してしまったメディアの常識があるように思えてならない。先ほど挙げた二つの事例が象徴的だ。

男女平等や格差の是正、持続可能性……社会が大きな転換期を迎える中で、報道機関もそれまでの常識や取材手法を日々、アップデートすることが求められている。巨大な力を持つようになったSNSとの向き合い方も重要だ。そんな端境期にある取材現場を本書で描いてみようと思った。自身の混乱や葛藤《かっとう》、失敗も隠さず記したつもりだ。

もちろん変わらないこともある。記者の仕事は、権力者が隠したいと思っている事実を明るみに出すということだ。私はその目的の下、七転び八起きでなんとかやってきた。

本書を読むのに、政治や社会問題の知識はいらない。「記者ってこんなことをしているのか」などと楽しみながら、親しみながら読んでもらえたらうれしい。そしてこの本が、社会を考える小さなきっかけになればと願っている。

目次

第四章　フェイクとファクトの境界線　111

第七章　風穴を開ける人たち

※編集部注　本書内の肩書は、特に断りのない限り取材当時のものです。

編集協力　藤江直人　／　図版作成　小林美和子　／　ＤＴＰ　オノ・エーワン

第一章

会見に出席できなくなった

コロナ禍での記者会見

もしかしてもう質問できなくなるかもしれない——永田町《ながたちよう》の首相官邸でその話を聞いたのは、2020年4月8日のことだ。

いつものように会見室の中ほどに席を取り、菅義偉《すがよしひで》官房長官の会見の開始を待っていたとき、東京新聞政治部で官房長官番を務める記者が教えてくれた。

「新型コロナウイルスを理由に、首相官邸の報道室が官房長官の定例会見への出席を1社1人に、1日2回のところを1回にしてほしいと内閣記者会に要求してきています。今は必死に抵抗していますが、今回は報道室側がかなり強気で、このままだと押し切られるかもしれません」

そう話す番記者は困惑した様子だった。1社1人という条件がつけられれば、必然的に政治部記者が優先される。社会部である私は、会見に出席できなくなってしまう。

おりしも前日には、東京、埼玉、千葉、神奈川、大阪、兵庫、福岡の7都府県を対象とした緊急事態宣言が初めて発出されたばかりだった。この日の夜7時から行われた安倍晋三《あべしんぞう》首相の記者会見は、従来の記者会見室よりも広い、首相官邸の大ホールに変更されていた。出席する記者は1社1人に限定され、全員がマスクの着用を求められて、座席の間隔は前後左右で2メートルほど空けられていた。大ホールとはいえ座席数に限りがあるため、海外のメディアやフリーランスの記者が多数いる場合は、抽選になるという通達もされていた。

安倍氏の記者会見終了と前後して、武田良太《たけだりょうた》防災担当大臣の秘書室の内閣府職員が新型コロナウイルスに感染していることが判明。いよいよ首相官邸や政治取材現場の最前線にまで影響を及ぼしてきたと、危機感が増していた。

菅氏は20年4月6日の定例会見から、マスクを着用して登壇していた。質疑応答でその理由を問われると「感染防止にしっかりと対応していくなかで、こうしています」と答えていた。マスクの常時着用が当たり前となった今から振り返ると隔世の感があるが、わずか1年半前、コロナが広がり始めたばかりのころはこうだった。

直後に安倍氏の記者会見に連動して表面化したのが、菅氏の会見での出席制限だった。官邸報道室はその理由を内閣記者会に次のように説明している。新型コロナウイルスの感染拡大の中で、業務が急増していた菅氏の負担を減らし、さらには首相官邸内での感染拡大を未然に防ぎたい、と。

新型コロナウイルス感染をめぐる状況はもちろん理解できたが、一方で、もやもやが膨らんだ。1社1人の対象となる社は極めて限られていたからだ。

私が菅官房長官の定例会見に初めて出席したのは、加計《かけ》学園問題や伊藤詩織《いとうしおり》さんをめぐる問題の渦中にあった17年6月だ。以来、ほぼ毎日のように首相官邸へ足を運んできた。官房長官の会見は午前、午後と1日に2回行われ、主に政治部の記者が出席する。政治部というのは文字通り、新聞社の中で政治家や官僚などを取材する記者が所属する部署だ。加えて、共同通信や朝日新聞、毎日新聞、テレビ朝日は、社会部や国際部に所属する記者が出席して質問することもあった。

政治部以外の記者が常時、出席してきたのは東京新聞だけだった。最前列にはパソコンのキーボードを叩《たた》く音を響かせる若手記者たちがいる。ただ、彼、彼女らは質問をしないので、出席している記者にはカウントされない。

1社1人の出席制限について、新型コロナウイルス感染症が蔓延《まんえん》しつつある状況下で協力を求める、というのは理解できる。とはいえ、本当にそれだけだろうか。広い会見場にして距離をとったり、オンライン会見にしたりするなど、できることはある。実際、ほかの取材の場でも急速にオンライン化が進んでいた。政権への不都合な質問を繰り返してきた私を、定例会見の場から締め出すという別の意図を感じざるをえなかった。

1社1人の制限に対して、抵抗したい思いはやまやまだったが、このときはこらえた。理由は二つある。

一つは、首相官邸報道室が「緊急事態宣言が解除されれば通常の形に戻す」と補足してきたというからだ。同僚の番記者がそう話してくれた。

もう一つは、要望を受け入れるかどうかの最終的な判断は、内閣記者会加盟社のなかでも、幹事業務などを担う常駐の19社による話し合いに委《ゆだ》ねられると説明されたからだ。つまり、話し合いが行われ、受け入れるという決定がなされるまでは、これまでどおり出席しても問題ないということだ。

私がそのことを番記者に尋ねると、「その通りだ」と返事をしてくれた。やりとりを隣で聞いていた、地方紙の記者が不愉快そうな表情を浮かべて視線を投げかけてくる。何が気に入らないのかわからないが、会見場でのそういった無言の圧力は、これまでにも何度となく経験している。気づかないふりをしておいた。

結局、記者会は官邸側の要望を聞き入れた。編集局の統括デスクから電話がかかってきた。「内閣記者会で話し合った結果、1社1人になったと連絡が来た。話し合いで反対したのは、ウチと毎日新聞だけだったようだ。他の社はコロナ禍の状況からしてさすがに仕方がないと。会見を1日1回にする要望には、全社が反対して押し返すようだが」

それを聞いて私は、先ほどの地方紙記者の視線の意味がわかった気がした。「コロナ禍なのだから部外者はわきまえろ」と私に言いたかったのだろう。あるいは「かわいそうだけど、もう出席できないよ」だろうか。

記者会見前の下打ち合わせ

本章では、首相や官房長官の記者会見のことを記していくのだが、前提としてお伝えしたいことがある。それは、記者会見が丁々発止のやりとりをしているわけではないということだ。記者たちは、会見の前日までに官邸に質問内容を伝え、それを記者が改めて会見で聞き、首相や官房長官は官僚が用意した手元の回答原稿を読み上げる。菅氏の視線がいつも下を向いているのはそのためだ。

SNSなどでは「台本営発表」や「劇団記者クラブ」などと揶揄《やゆ》されることもあり、だいぶ知られるようになってきたが、今でも大半の人は首相や官房長官が、初めて聞いた記者の質問に答えていると思っているだろう。常識的に考えればそうあるべきだ。実際、外国では事前に記者が質問を渡したりしない。

なぜこのやり方が行われているかといえば、事前に準備することで正しい情報を速やかに伝えられる、というのが理由だ。たしかにそういった一面はあるだろう。とはいえ、もし正しい情報のみを発信することが目的なのであれば、記者から質問を募り、その回答を書面で配布すればいいのではないだろうか。あえて会見を開いて読み上げる意味はない。実際、菅氏は官僚たちが用意した原稿を読んでおり、それを配ればいいだけだ。

このやり方は安倍氏が首相だったときも行っていたし、菅氏が首相になってからも変わらなかった。安倍氏はプロンプターという原稿を映し出す機械を使っていた。首相になった菅氏も、途中からプロンプターを使うようになった。コロナ禍の会見で、終始、下を向いて話していることに対して、「ただ原稿を読んでいるだけじゃないか」「国民に対して語りかけるときなのに」と、厳しい声が上がったためだ。プロンプターを使うことで、たしかに視線は上に向くようになり、そのことを好意的に紹介するメディアもあったが、私は首をかしげざるを得なかった。本質的なこと、つまり事前に質問を伝え、原稿を読み上げていることに変わりはないからだ。

ちなみに各省庁では火曜日と金曜日の週2回、閣議後に各省庁の記者クラブや国会内で大臣会見が行われるが、省庁と記者クラブによる会見ルールは統一されていない。省庁ごとのローカルルールがある。たとえば財務大臣の麻生太郎《あそうたろう》氏は、会見の冒頭は官僚が用意したペーパーを読むが、質疑応答は広報官ではなく自分で記者を指して、かつ自分で答えている。時に記者の外見を揶揄《やゆ》するなど失礼な返答をするときもあるが、会見を自ら仕切って、自分で答えようという姿勢は見える。この広報官がいない、という点も重要だと思う。後述するが、広報官は発言する政治家の意向を忖度《そんたく》して、記者の質問を妨害する役割を負うこともあるからだ。

内閣記者会と官邸の間にある事前通告という暗黙のルールに、私は参加していない。いつもその場で質問し、菅官房長官もその場で答えていた。事前に伝えていないからこそ、原稿を朗読しているときには見えない、為政者としての本音が言葉や表情に現れると思っている。ルールに乗らない私に対して、だれからも面と向かって「参加してはいけない」と言われたことも、「質問してはいけない」と言われたこともない。だからこそ、あの手この手で「参加させないように」「質問させないように」している様が見えてくる。

エスカレートする質問制限

定例会見の回数については、従来通り1日2回の開催が継続された。ただし官邸報道室は「状況に応じて、質問時間に協力していただく場合がある」と付け加えるのを忘れなかった。結果として番記者との質疑応答が打ち切られる光景が、常態化していく。

1社1人ルールが合意となって以降、私は官房長官会見にまったく出席できなくなり、平日の取材活動の一つが突如として失われた。「参加させない」が、コロナが理由とはいえ、現実になった。これまでも様々に妨害されてきたので、やりきれない思いが募った。

旧知の朝日新聞の記者に連絡を入れ、胸中に渦巻く思いをぶつけた。内閣記者会では、毎日新聞と東京新聞が反対を主張した一方で、朝日新聞がルールを受け入れたことに合点がいかなかったのもあった。

「決して望月さんを外すというわけではなく、首相会見を含めて官邸に新型コロナウイルスを蔓延させてはいけない、記者から感染させてはいけないと考えたからです。うちも、今のこの状況では本当に仕方がない、という判断をしたようです」

思い返してみれば、17年6月に初めて私が官房長官会見に出席して以降、会見のありようは大きく変わった。徐々にエスカレートしてきた「質問させないように」「参加させないように」の段階（フェーズ）を追ってみたい。数えると6つの段階に分けられた。

最初のフェーズは、会見に出始めた当初だ。このとき、質問制限はなかった。挙手している記者がいる限り、指名され続けていた。私も多いときは20回以上、挙手して質問したこともあった。納得する答えは得られず、はぐらかされたとも感じたが、とりあえず質問できた。菅氏も私を指したくないからか、後ろを見ながらのときさえあったが、当時は、手が下がるまで指し続けるというルールが、あらゆる記者に認められていた。指さないわけにはいかなかったのだろう。

2番目のフェーズでは、挙手している記者がいても会見は終了となった。打ち切りといってもいいかもしれない。私個人のことをいえば、会見の最後にようやく指されて、かつ質問も二つに限定された。これは私が会見に出始めて割とすぐ、17年8月末にはこの形態になった。理由は「この後予定がありますので」というものだった。

第3のフェーズは、18年11月ごろから行われるようになった、私への質問妨害だ。こちらが質問している最中にもかかわらず、会見を取り仕切る官僚の上村秀紀《うえむらひでき》報道室長が「質問は簡潔にお願いしまーす」「結論を言ってくださーい」などと言葉を挟んでくる。話の途中で言葉を挟まれるから質問が途切れるし、集中力もそがれる。私の質問が長い、ということを印象付けたいとの意図もあっただろう。

上村室長の差し挟みは、私より質問が長い記者には行わないので、妨害としか考えられない。もっとも多いときは7秒おきに言葉を挟まれたこともあった（詳細は『同調圧力』（角川新書）をお読みください）。

このころには私への抗議もエスカレートした。18年末には官邸の掲示板に上村室長名で、「東京新聞の特定の記者による質問について」とする文書が掲示された。

「東京新聞側に対し、これまでも累次にわたり、事実に基づかない質問は厳に慎しんでいただくようお願いしてきました。にもかかわらず、再び事実に反する質問が行われたことは極めて遺憾です」

「度重なる問題行為については、総理大臣官邸・内閣広報室として深刻なものと捉《とら》えており、貴記者会に対して、このような問題意識の共有をお願い申し上げるとともに、問題提起させていただく」

特定の記者が私を指しているのは明らかであり、後に国会でも問われて明言した。

第4のフェーズ、指されない

20年に入ると、新たなフェーズとなった。挙手をしても菅長官に指されない。1月、質問できたのは17日と22日の2回だけ。1月はまだコロナが大きな問題となる前のことだ。

質問できたうちの1回は、警察庁の中村格《なかむらいたる》氏が、警察庁長官官房長から次長へ栄転した人事に関して問うた。中村氏は刑事部長だった15年に、元TBS社員の山口敬之《やまぐちのりゆき》氏へ発布されていた伊藤詩織さんへの準強姦《ごうかん》容疑による逮捕状の執行停止を命じた人物だ。

質問の前にはいつものように、官邸報道室の上村秀紀室長が「この後日程がありますので、次の質問、最後でお願いします」と釘《くぎ》を刺してくる。菅氏の返答も相変わらず木で鼻をくくったようなものだった。

「人事というのは適材適所で行われている。このように思っています」

会見に行っても、挙手して指されなければ残るのは徒労感だ。記者であれば、会見に臨む際、いくつも質問を準備していく。こう答えが来たらこう質問を重ねよう、とのシミュレーションは何通りも行う。また、会見に出始めたころに、新聞記者である夫や上司から「質問が長い」と指摘されたので、どう簡潔に言うかも考え、練習したりもする。逆に菅氏から聞き返されることもあるから、資料や数字も用意したうえで、パッと答えられるように頭に叩き込む。

にもかかわらず指されない。私の我慢も限界に達していた。

中村格氏のことを聞いた4日後の定例会見。この日も私は挙手し続けていたが当ててもらえないまま、上村室長が「ありがとうございました」と定例会見の終了を宣言した。また指されないまま終わってしまう――気づけば私は声をあげていた。

「はい、あります。お願いします。すみません、長官」

その声はまたたく間に宙に吸い込まれ、菅氏と上村室長は振り向くこともなく会見場を出て行った。

翌日も同様に上村室長が一方的に終了を宣言したので、私はもう一度声をあげた。

「はい、長官、お願いします。昨日からずっと手を挙げているのですが、私だけ指されないので。お願いいたします」

後に動画で見たが、この間、壇上の菅氏は私と決して視線を合わせようとしない。幹事社の番記者が「1問、よろしいでしょうか」と促すと、ようやく顔を上げて「どうぞ」と私を指名した。続けて上村室長が「じゃあ、次の質問、最後でお願いします」と挟んだが、思わず言葉が口をついて出た。

「すみません。2問聞きたいんですけれども。2問だけ」

幹事社の番記者も「昨日も手を挙げられていたので」とフォローしてくれた。しかし、菅氏は手元の資料を整理しながら、表情に不快感をにじませている。

「いや、私が指名したのは最後の1問ということで指名させていただきました」

上村室長が再び「じゃあ、次の質問、最後でお願いします」と言い、菅氏が言葉を重ねた。

「これは記者会のみなさんと政府の、お互いの話し合いのなかで行われておりますので、そこはできるだけルールに従ってお願いしたいと思います。私もいろいろな、今日も公務等のなかでこうして丁寧に説明をさせていただいているところであります」

菅長官があえて言及したルールとは何なのか。最初に幹事社の番記者が促した「1問、よろしいでしょうか」の遵守であり、指名される前に声をあげる、いわゆる不規則発言をたしなめたのだろう。ただ、私の我慢も限界に達していた。

「ひたすら手を（挙げても）指されない、ということが続いています。しかも、（指されるときも）必ず私が最後です。見ている限りは、私がいたときにほかの記者さんは最低でも1回は指されている。非常に不当な扱いを、長官の指名によって受けていると感じます。ぜひ見直していただきたい。なのでここで2問、昨日を含めて聞けない質問が続いておりますので……」

私が話している最中、上村室長と目を合わせた菅氏は、左手で私を制止するようなしぐさをして、言葉を挟んできた。

「ここはあなたのご要望について、お答えする場所ではありません。ここは記者会見と内閣の間の合意のなかで行われている記者会見でありますので、ご要望を申し上げる場所ではない、ということを明快に申し上げておきたいと思います」

私も返答した。

「恣意《しい》的に最後に回す、指すのは、抗議させていただきたいと思います」

結局、一つに限定された質問では、桜を見る会の招待者名簿の廃棄問題を取り上げたが、菅氏の返答はいつものとおりだった。

記者クラブの知る権利

新型コロナの流行を境に、第5のフェーズとなるだろうか。指されないだけではなく、さらに深刻さを思い知ることになる。1問だけ指された日を境に、どんなに挙手しても指名されない状況がさらに顕著になった。

忘れられないのは1月29日の会見だ。新型コロナウイルスに関して、共同通信、朝日新聞、

NHK、産経新聞、日本テレビ、時事通信の番記者が次々に質問した。私は相変わらず指されなかったため、退室していく菅長官にも届くように大きな声をあげた。

「あります、1問」

しかし、何も状況は変わらなかった。会見は10分ほどで終わった。やりきれない思いを抑えながら片づけをしていると、東京新聞の官房長官番を務める男性記者が私のところにやって来た。

「望月さん、ああやって声をあげられると困るよ」

聞けば、私が「2問、聞かせてほしい」と声をあげた日の夜から、番記者がほぼ日常的に行っている「オフ懇」取材に菅官房長官が応じなくなったという。

オフ懇とは、オフレコ懇談のことで、記者が、政治家が話したことを記事化しないという暗黙の了解の下で行われるやり取りだ。オフレコなので当然、そこで聞いた話は表に出せない。つまり、原稿に書けない。外に出せない話を何のために聞いているのか、と思うのが普通の感覚だろう。番記者に聞くと、聞いてすぐには出せないが、何らかの折にそろっと入れて出す（原稿にする）こともあるそうだ。

番記者にとってオフ懇は、取材対象者の本音をうかがい知る貴重な機会だ。記事にしないまでも、オフ懇の内容はメモにされて歴代の番記者の間で受け継がれている。何かのときに備えた、政治部が共有する財産といえる。そのため、オフ懇メモが途切れる事態は、番記者にとっては看過できないのだろう。

例えば、東京都知事の小池百合子《こいけゆりこ》氏がカジノで手を挙げるかもしれないという話が出たとき、菅氏がポロッと本音を言ったという。おそらく、菅氏は地盤である横浜でやることにこだわっているだろう。そういった番記者しか聞けない本音を聞ける機会は貴重だ、ということらしい。だからといって特ダネをもらえるかといえば、決してそんなことはない。

菅氏の場合、会見の後や、夜、議員宿舎へ帰ったタイミングで行われてきたという。菅氏を記者が囲み、記事にしないことを前提で話をする。時間にして10分とか15分くらいのことが多いという。ずいぶん短時間だな、とも思う。

政治部の論理では、定例会見に代表される「表」の取材は、事前に官邸側に質問を提出することで、台本に則《のっと》って済ませ、本当の取材合戦は舞台裏で繰り広げる、ということだろう。オフ懇は、政治部だけではなく、日本で長く習慣化されてきた取材手法の象徴だ。

そんな権力者と記者の間の、暗黙のルールを覆すオフ懇拒否だ。番記者たちが慌てたのはやむを得ないかもしれない。とはいえ、なぜ菅氏は、私が声をあげた後にオフ懇をやめたのだろう。それに対して、なぜ記者たちは、菅氏本人に問い合わせや抗議をしないのだろうか。問い合わせることもなく、なぜ東京新聞の番記者に苦情を入れるのだろうか。

同僚には申し訳なく思ったが、「声をあげられると困るよ」というたしなめにやりきれない思いだった。私が質問をやめたり、他社の記者たちに頭を下げたりする必要があるとはどうしても思えなかった。

菅氏に対しては、オフ懇拒否というメディア全体の同調圧力を促すような、連帯責任を負わせるかのようなやり方にうすら寒さを覚えた。

同僚の記者からはさらに驚くことを聞かされた。幹事社である朝日新聞は、「当てられていません」と声をあげる私への指名を、菅氏に促しにくくなっているというのだ。

前述したように幹事社の記者は、私の挙手に対して「昨日も挙げていたので」とか「1問だけなので」と菅氏に指名を促してくれていた。促しにくい、ということはつまり、オフ懇拒否が長引いてしまうという懸念が記者会の中にあるということなのだろうか。もしくは、菅氏が不機嫌になることへの懸念か。どちらにしても、幹事社にそのことを抗議する記者たちがいるということなのだろう。

私は言葉が出ないほどのショックを受けた。

「その朝日の記者も、同じ考えなの？」

同僚の記者は「それは違う」と答え、「自分もこういう空気はおかしいと思う」とも言ってくれた。幹事社も同僚の記者も、私と番記者と菅氏の意向の間で板挟みになり、苦しんでいるようだった。

押し寄せる同調圧力

この同調圧力をかけるやり方はこのときだけではない。

前述した18年末に記者クラブの掲示板に張り出された上村秀紀室長名による文書もその一つだろう。

会見後、菅氏が去った後の囲み取材では、会見場の向こうから笑い声が聞こえてくることもある。囲み取材というのは、記者会見ではないところで取材対象者を記者が囲んで行う取材のことをいう。私は囲みにはいかないが、ある記者がそのときのことを教えてくれた。

「また望月さんのこと、○○記者と○○記者が、裏で2人で笑いものにしてましたよ」

私が固有名詞を間違えたり、言い間違いをすることを笑っているようだ。もちろん傷つくが、私は新聞記者という立場で当たり前のことをしているだけだ。今に始まったことではないので気にしても仕方がない。応援してくれる人もたくさんいる。

私が会見に出始めたころ、朝日新聞政治部の南彰《みなみあきら》さんが菅氏の会見に来てくれたのもそれがきっかけだったという（南さんはその後、新聞労連に出向してしまった。20年9月に再び朝日新聞政治部に復帰）。南さんは、会見が終わった後の囲み取材の様子を見たときのことをこう話してくれた。

「一生懸命、真剣に挑んで聞いている記者を、裏で菅さんといっしょにせせら笑ってるっていうのはひどい構図だと思ったんです」

同調圧力の促しは、社内にもやってくる。

19年の秋ごろのことだ。首相補佐官だった今井《いまい》尚哉《たかや》氏は、東京新聞の今井番の記者にこう言って余裕を見せていた。

「なんか元気のいい女が来たようやのう」

「頑張れって言っとけや」

しかし、私が毎日会見に出席するようになり、行くのをやめないと感じたからか、そのうちに「あいつまだ来てるんか」となったようだ。今井氏は、別の記者が囲みに入ろうとして「東京新聞です」と名乗った途端に、「お前、東京新聞なのか。あっち行け、あっち行け」というようなことも露骨にやっていたとも聞いた。なんとも嫌らしい。

私はこういった話を東京新聞の番記者から直接聞くことはまずない。この件も人づてにほかの記者に教えてもらった。

「どうもやっぱり、大変だったみたいですよ」

たしかに、それは本当にきついだろうし、「東京新聞だな」と言われる番記者には相当に迷惑をかけているのは間違いなく、申し訳なく思うばかりだ。しかし、だからといって私が質問をやめるのは違うと思っている。

私には理解できないが、官邸の意向に忠実な記者もいる。ある他社の官邸キャップは、「これ読んでよ」と自身が書いた文章をコピーして私に2回持ってきたことがある。赤いペンで線や丸をつけたA4判、一枚の紙だった。

読んでみると、「記者たるものは」「オフ懇がいかに大切か」といったことが書かれていた。なぜこれを私に読ませたかったのだろうか。意味がわからなかった。また、その人からは「あんたのやっていることは所詮《しょせん》、負け犬の遠吠《とおぼ》えだ」とも言われた。会見が終わると、会見場の外で待ち伏せされたり、時には会見室の中にまで入ってきたりして、私へ説教していた。驚きのあまり言葉を失ったが、何とか私の姿勢を正したいと思ったのだろう。

そのキャップは、映画「パンケーキを毒見する」の製作側から出演依頼を受けたという(念のために記すと、パンケーキは菅氏の好物で、菅氏が首相になった際、官邸はパンケーキ店で番記者とのオフ懇を開いた)。私のやり方を思い切りあしざまに語ってから、なぜ番記者がパンケーキを食べるのかを解説すると意気込んでいたようだが、結局、会社の指示を受け、出演が叶《かな》わなかったと聞いた。ぜひそのキャップには、なぜパンケーキ懇に番記者たちが参加するのかを実名で記事にしてもらいたい。

解除されない出席制限

質問制限のフェーズのことに話を戻せば、本章の冒頭で記したコロナ禍での1社1人の出席制限は、6番目のフェーズということになる。首相会見、官房長官会見における1社1人の出席制限は1回目の緊急事態宣言が解除された後も、元に戻ることがなかった。そしてこの本を執筆している21年9月もまだ続いている。すでに1年が過ぎた。

これは政府側の統一ルールではない。たとえば厚生労働省の記者クラブ、厚生労働記者会では1社1人を原則としながら、同時に「質問したい報道各社の参加を妨げない」とする方針を打ち出している。事実上、1社で2人以上の参加も認めていたのだ。

このことを知った私は、東京新聞の首相官邸キャップらにうったえた。一度だけでなく、ことあるごとにお願いした。

「厚労クラブのように、官房長官会見でも原則は1社1人だけど、席が空いているところがあれば、希望する記者の参加を認めるとか、国民の知る権利が妨げられない方向へ、少しでも変えていくことはできないんですか」

「厚労クラブではこんなふうに運用してやっていますよ」

実際に東京新聞、朝日新聞などの抗議を受けて、内閣記者会が動いていたこともある。記者クラブ側の要望を受け、官邸報道室の上村室長へ、20年10月、幹事社が「現状の会見制限の固定化は認められない」と文書で伝えたが、その後も状況は変わっていない。

20年10月といえば、首相になった菅氏と二階《にかい》俊博《としひろ》幹事長がこだわっていたGoToトラベルキャンペーンで東京発着の旅行商品を割引対象に追加したときだ。新型コロナウイルスの第3波の予兆が欧州で見え始めるなかでのできごとだ。それなら会見も通常の状況に戻すべきだと、内閣記者会も至極当然のこととして要望したのだろうが、「第3波がいつくるかわからない」などと断ったようだった。コロナ禍を持ち出して記者会の追及を弱めようという意図は明らかだ。

ただ当の内閣記者会の対応にはもどかしさも感じる。常駐19社の意見は一つにまとまらず、記者会見のあり方を議題としたクラブ総会も開催されたことがない。記者クラブ加盟各社の政治部以外、入れたくないと思っている番記者が少なくないのだろうか。

そのなかで京都新聞は「質問の多様性が失われている」として、内閣記者会に対し、首相会見における1社1人の制限を記者会が容認したときの話し合いの議事録の公開を求めたが、幹事社から説明を受ける機会は設けられなかったそうだ。同じ記者からの要請にも応じないとは、唖然《あぜん》としてしまう。ちなみに京都新聞東京支社の編集部長を務める論説編集委員の日比野《ひびの》敏陽《としあき》さんは、20年3月14日、安倍首相の会見で質疑応答を打ち切ろうとした長谷川《はせがわ》榮一《えいいち》

フェーズ	時期	会見の状況
1	2017年6月〜	質問がなくなるまで指してくれる。
2	2017年8月末〜	会見の最後に指されて、質問数も2問で打ち切りに。
3	2018年11月〜	質問妨害が始まる。会見の進行役である上村秀紀報道室長が、質問している途中で「質問は簡潔にお願いしまーす」「結論を言ってくださーい」などの言葉を差し挟んでくる。同年末には、官邸の掲示板で記者クラブに対して「東京新聞の特定の記者による質問について」という文書が掲示された。
4	2020年1月〜	挙手していてもほとんど指されなくなる。
5	2020年1月末〜	声をあげても指されなくなる。また菅氏が政治部記者たちと行っていたオフ懇が行われなくなる。
6	2020年4月〜	新型コロナウイルス感染症の拡大のため、出席できる記者は1社1人に。政治部記者が優先なので、出席できなくなる。

官房長官会見における著者の状況

内閣広報官に向かって声を上げ、会見を継続させた気骨ある記者だ。

「仕込んだ質問にしか答えられないんですか」

あの場面に私はとても励まされた。

5か月ぶりの菅氏への質問

会見に入れない状況の中で、私が菅長官に質問する機会を得たのは、20年8月28日に安倍首相が辞任を表明した、その5日後のことだ。石破茂《いしばしげる》氏、岸田文雄《きしだふみお》氏に次いで、菅氏が自民党総裁選への立候補を正式に表明し、その出馬会見が行われたのだが、1社1人の取材制限が設けられなかった。フリーランスを含めたすべての記者に対してオープンだという。会場は200人近い国内外の記者で埋め尽くされていた。私ももちろん駆けつけた。

当初予定されていた30分の会見予定時間を、すでに10分ほどオーバーしていたなかで、進行役を務めていた坂井学《さかいまなぶ》衆院議員が「それでは、あと2問とさせていただきたいと思います」と断りを入れた直後だった。

「マイクの向こう側で、手を挙げていらっしゃる女性の方、はい」

やっと私も指名された。

菅氏とやり取りを交わすのは、最後に質問できた4月9日以来、実に5か月ぶりだ。質問者が私だと確認した菅氏は、表情を消し、手元に置いてあったコップの水をごくりごくりと飲んだ。

私は最初にこう話した。

「今日、長官の会見の状況を見て、これまでとかなり違って、いろいろな記者さんを指されていると感じました」

後に「あそこは褒める必要はないでしょ」と、知り合いの記者に言われたが、従来の定例会見に比べて驚くほどまともだと感じ、率直な感想が出てしまった。この日は、インターネット放送局のビデオニュース・ドットコム代表の神保哲生《じんぼうてつお》さんや、フリージャーナリストの岩上安身《いわかみやすみ》さんが主宰するインディペンデント・ウェブ・ジャーナル（IWJ）の記者も指名されていたのだ。

「私自身が3年間、長官会見を見続けているなかで非常に心残りなのが、やはり都合の悪い、不都合な真実に関しての追及が続くと、その記者に対する質問妨害や制限というのが長期間にわたって続きました。これから総裁になったときに、若手の番記者さんが朝も夕方も頑張ると思います」

菅氏は薄い笑いを浮かべている。もちろん私とは視線を合わせず、正面の方向を見つめている。

「その都度、今日の会見のように、きちんと番記者の厳しい追及も含めて、それに応じるつもりはあるのか。また、安倍さんの首相会見は台本通りではないかと、劇団みたいなお芝居じゃないのか、という批判もたくさん出ておりました」

菅氏はサッと坂井議員に視線を送った。

「今後、首相会見でも単に官僚が作ったかもしれないような……」

坂井議員が言葉を挟んできた。

「すみませんが、時間の関係で簡潔によろしくお願いします」

私は「すみません」とひと言述べてこうまとめた。

「……答弁書を読み上げるだけでなく、長官自身の言葉で、生の言葉で、事前の質問取りをないものも含めて、しっかりと会見時間を取って答えていただけるのか。その点をお願いいたします」

菅氏は語気を強めながら即答した。

「限られた時間のなかで、ルールに基づいて記者会見というものを行っております。ですから早く結論を、質問すればそれだけ時間が浮くわけであります」

論点を私の質問時間の長短にすり替え、嫌味をまじえながらの回答だった。国のリーダーに立とうとするからにはこれまでと違った返事が来るかもしれないと期待していたのだが、何も変わらなかった。

回答の途中から皮肉な笑いを浮かべた菅氏は、前方に座っていた記者たちの笑いを誘った。会見場には、記者たちからも小さな笑いが起きた。権力者と番記者との関係の深さを見せる光景だった。

追従笑い

200人近い記者の前でさらし者となったが、いつものことだと思い、頭をすぐに切り替えた。

ただ舞台裏の行為が、思いがけず明らかになり、会見を見ていた人の中にはかなり驚き、ショックを受けた人もいたようだ。

例えば当日、会見に出席していたお笑いジャーナリストのたかまつななさんは、会見の様子をウェブ上の発信サイト「note」にこう記している。

「会見で一番嫌だなぁと思ったのが、東京新聞の望月衣塑子さんが記者会見のあり方を質問したら、菅さんが『早く結論を質問してくれれば、時間は浮くのであります』と皮肉でかわし、番記者とおぼしき人達から笑いがおきたことだ。菅さんに媚《こ》びを売る笑いで、気持ち悪かった」

たかまつさんもこう発信することは、きっと勇気のいることだったと思う。記者会見の様子を分析し、自らの意見とともに記された文章を読んで、私は励ましと希望を感じずにはいられなかった。

たかまつさんは、さらにこんな言葉を綴《つづ》っている。

「記者のあり方とは一体何か。どこに向いて仕事をしているのだろう。私は望月さんの考えなどに必ずしも共感できる訳ではない。でも、あんな笑い方はないだろう。いじめみたいな空気で寒気がした。象徴的だったのが、笑いがおきたのは前の3列だったことだ。私は真ん中ぐらいにいたが、真ん中や後ろからは笑いがおきなかったのだ。普段中に入れない私も含め、あの姿に違和感を感じる人はたくさんいるということだろう。望月さんと同じぐらい長かった人もいたけど、注意入らなかったよなぁ〜。たしかに、望月さんの質問は長いなぁとは思ったのですが……。不思議〜」

笑いが起こった前の3列には、菅長官の番記者たちが座っていた。また、たかまつさんが指摘している通り、他の記者は質問の途中でどんなに長くても坂井議員から口出しされることはなかった。

記者クラブに属さない記者たち

こうして見てくると、都合の悪い質問をする記者に「質問をさせない」「参加させない」ことが、少しずつ進んできたことを改めて認識する。ただこれは決して官邸だけで成しえたことではない。

かつての記者会見はもっと緊迫感があったという。有名なエピソードだが、佐藤栄作《さとうえいさく》総理の会見で、佐藤氏が記者に対して「それなら出ていってください」と言ったのに対し、共同通信の政治部記者が「それなら出よう、出よう！」と応じ、NHKのカメラマン以外が皆退室したという。その場には、毎日新聞の故・岸井成格《きしいしげただ》記者もいた。若い気骨のある記者をバカにしたり、冷笑したりするのではなく、ほかの記者たちも一緒に退室することで、佐藤氏への怒りを表したのだ。

18年11月のアメリカでの出来事も印象に残っている。トランプ氏の会見で激しいやり取りをしたCNNのジム・アコスタ記者は、会見に入るための記者証を取り上げられた。CNN

はトランプ氏などを相手取ってすぐに裁判所に提訴。トランプ寄りだという右派のＦＯＸニュースも含めて13社が、ＣＮＮへの支持を表明したのだ。

今の日本で、その役割を担ってくれているのはフリーランスの方々だ。たとえば、新型コロナウイルスの感染が拡大し始めていた20年2月29日の会見では、突然の休校要請などで国中が混乱する中、安倍首相がわずか36分で会見を打ち切った。退出しようとした安倍氏に対し、フリーランスの江川紹子《えがわしょうこ》さんが「まだ質問があります！」と大きな声をかけた。安倍氏はちらっと視線を流しただけで退出してしまったが、以後の会見では会見を短時間で打ち切る安倍氏に対し「まだ質問があります」という声が飛ぶようになった。

菅氏が首相として20年末に会見したときにはこんなこともあった。フリーランスの枠で会見に出席していたＩＷＪの岩上安身さんが、「変異株に対する危機感は」という質問をすると、司会の秘書官が「お1人さま1問で」と遮った。しかし岩上さんはまったく気にせずに質問を重ねていた。フリーランスの皆さんなくして日本の報道が立ち行かなくなっている現状に対して、私は忸怩《じくじ》たる思いだ。

また国内を揺るがすスクープは「週刊文春《ぶんしゅん》」や「しんぶん赤旗《あかはた》」が担っている。記者の数では大手メディアの方が圧倒的に多いにもかかわらず、だ。このままでいいはずはない。

頼もしい記者たち

記者に関するネガティブな話を書いてしまったが、奮闘している記者たちのことも紹介したい。

東京新聞の加藤勝信《かとうかつのぶ》官房長官の番記者である村上一樹記者は、大学時代から沖縄の基地問題などに取り組んできた。琉球新報《りゅうきゅうしんぽう》との人事交流で半年ほど沖縄で取材したこともあり、沖縄の基地問題や沖縄に絡む質問をしつこく加藤氏にぶつけている。

日本学術会議の任命拒否問題では、かつての内閣の見解と「考え方を変えていない」と論点をすりかえてかわそうとする加藤氏に対し、村上記者は次のように迫った。

「考え方を変えていないのであるならば、今も推薦者は拒否をしないということになりますが、どうしてそうなっていないのでしょうか」

後日、政治部記者の質問内容や記事の書き方について、厳しい評価を重ねている法政《ほうせい》大学の上西充子《うえにしみつこ》教授と私が話していたとき、上西教授は村上記者を「論理だった質問を繰り返している」と評価していた。上西教授の目から見ても権力者と向き合う姿勢ができているということなのだろう。

もう1人、同僚の東京新聞の原田晋也記者は、森友《もりとも》学園の公文書改ざん問題で自殺した赤《あか》木俊夫《ぎとしお》さんが遺《のこ》していた「赤木ファイル」について取材を続けている。赤木ファイルについては、安倍前首相のツイッターで「赤木氏は明確に記している。（中略）この証言が所謂『報道しない自由』によって握り潰されています」と投稿されていた（21年6月24日）。その点について、原田記者は財務省記者クラブで麻生太郎氏に見解をただした。すると麻生氏からこう返された。

「ぜんぜん頼りねえ顔してるけど、質問するならきちっと知ってないと具合悪いよ？」

「東京新聞。ああそう。その程度の能力か」

まったく関係ない内容で揶揄《やゆ》したり見下したりする態度には驚きを禁じ得ないが、原田記者はそれで引き下がらず、質問をはぐらかした点について、記事で詳報して反論。その後も、麻生氏の会見に出て質問を続けている。

口の悪い麻生氏に何度も中傷されながらもあきらめず、聞くべきことを淡々と聞き続け原稿にする。デスクたちも「よく頑張っているな」とうれしそうだった。原田記者の書いた記事は、東京新聞のウェブサイトで多く読まれ、しばらくニュースランキングのトップを独走していた。

東京都の新型コロナウイルスの感染者が2800人を超え、過去最多を記録した21年7月27日の首相への取材では、TBSラジオの澤田大樹記者が、「人流は減少している」と詭弁《きべん》を続ける菅氏に対し、こう質問をぶつけた。

「感染は拡大しています。その中で（五輪）の中止の選択肢というのはないのでしょうか」

明確に菅氏の見解を打ち消し、開催しているオリンピックの是非を問う内容だった。

澤田記者とは政党取材などで何度かお会いし、話したことがあるが、穏やかで丁寧な物腰ながら、強い闘志を秘めているような記者さんだと感じた。

ここに紹介したのは一例だが、いろいろな現場で、菅氏をはじめ閣僚たちに対し、強い問題意識を持って負けじと食らいついている記者たちがいる。そういう記者魂が垣間《かいま》見える質疑の動画や記事などを見ると、日本のジャーナリズムはまだまだこれからだとも思う。


記者だけでなく、これから社会で活躍する若い人たちにも励まされている。私は講演会や大学で講義をする機会に恵まれ、何度かおじゃましたことがあるが、若い人たちはしっかり自分の意見を持っていると感じることが多い。

教育ＮＰＯ「カタリバ」に講師として参加したときは、出会った高校生や大学生の話からメディアの今後を考えさせられた。彼らは、日々、新聞やネットをはじめ、さまざまなニュースに触れて勉強し、仲間と議論を重ねながら活動している。

若者世代は、ネットによるニュースや情報が、日常生活の中に溢《あふ》れ過ぎていて、それゆえ「情報が多すぎることに苦しむ」「ネット疲れ」もあるという。学生たちからは次のような貴重な提言をもらった。

「マスメディアは、フェイクニュースに対して、フェイクだという事実を列挙して、分析、指摘する記事を、新聞だけでなく、ネットでも発信していくべきだと思います」

「紙だけの媒体で見せることにこだわるのでなく、ネットでもそれをどう見せるかを日々、意識すべきだと思います」

まさに現在、新聞社が試行錯誤していることばかりだ。

慶應《けいおう》大学の男子学生は図書館好きで、図書館に行くと地方紙を含めて細かく新聞の紙面を読むのが好きだという。次のように新聞紙の魅力を力説してくれた。

「個人的には、沖縄タイムス、琉球新報、東京新聞が好きです。デジタル記事と違って、新聞がいいのは、一枚の紙面の中にさまざまな情報が載っていて、本屋さんと同じで、関心のある一つだけでなく、その周囲にあるものも関連づけて読むことができるところです。自分が欲しいと思う以上のものを一枚の紙面から見付けることができます」

メディアに関心のある高校生が来社してくれたこともあった。私立の男子高校生から、新たに選挙権をもつ18歳から20歳までの学生らへの内閣府の意識調査の結果を教えてもらった。新話をしていると、もの心ついたときからデジタル社会で生きている高校生や大学生の方が、冷静にネット上に溢れるデマや言説を分析していると感じた。

私がこうした学生たちとの議論や取材で感じるのは、若者の方がネット上の言説だけで、世の中を見ず、むしろ、人との交流や対話を続けながら、事実は何かを考えているということだ。ネット右翼と呼ばれるような極端な思想に走る若者もいると耳にするが、私が出会った学生たちは、むしろ冷静だった。フェイクかフェイクでないかを見分けるのに新聞社などのマスメディアのクレジットがあるかどうかをチェックしているという話も出た。

私は取材で、ネット右翼と呼ばれる人に何人か会ったことがある。彼らは、社会的地位はありながらも、どちらかといえば高齢で、やや引きこもり気味な男性が多かった。お会いした人が限られているので敷衍《ふえん》化して語ることはできないが、自分だけの空間に閉じこもってしまうと、ついつい自分がこうであって欲しい、こうあらねばならないという「理想」や「空想」の中におぼれてしまうからではないか、という気がする。

これは決して他人事《ひとごと》ではなく、取材でも常に多角的な視点、あらゆる人に話を聞くことが大切なのと同じだ。

若者との対話を重ねる中で、ネット情報の渦に流されない、冷静な視点を持つことが大切だということをより意識するようになった。また、新聞というジャーナリズムは、紙という媒体が将来的に減っていったとしても、事実を伝える、権力者の不正をチェックするという点で力を発揮し続ける限り、残っていくのではないか、とも感じるようになった。

私たちの住む社会や政治が、民主主義というものを追い求める限りは、ジャーナリズムという機能は、必要不可欠だ。記者としてやるべきことをやっていくにあたって強い後ろ盾をもらえた。

第二章 取材手法を問い直す

当局取材と調査報道

読者の皆さんは、次のようなニュースにどのくらいの価値を感じるだろうか。

「○○大臣が辞職する意向であることが、関係者の話でわかった」

「○○社の社長が、明日退任を表明することが関係者の話でわかった」

一方で、こういったニュースはどうだろうか。

「○○社の検査装置に欠陥があることがわかり、□□病などの患者の検査に影響を及ぼしていることが明らかになった」

「○○社が破棄したと言っていた書類を入手。社長の発言に100箇所の虚偽があることがわかった」

前者の二つは当局取材で、権力者から情報を得た記者が報じたものだろう。公式発表に先駆けて出している。スクープだと評価され、他社はほぞを噛《か》むことになる。後者の二つが調査報道だ。記者の気づきや内部告発などにより、問題の糸口をつかみ、取材を進めることで隠された事実を浮かび上がらせる手法だ。

私自身、社会部の記者として、公になっていない情報を関係者から手に入れることで、記事を作ってきた。社会部の取材手法の一つである、夜討ち朝駆けもそれにあたる。権力者、情報を握っている人の懐に飛び込んで、関係性を築いたうえでネタをもらう。

記者として駆け出しのころは、夜討ち朝駆けに明け暮れていた。苦とは思った記憶はなく、むしろ夜討ち朝駆けが大好きで、平日だけでなく週末にも、県警や地検の幹部に嫌がられながら自宅を回っていた。

原動力になっていたのは、何がなんでも取材対象者に食い込みたい、隠されている事実に近づきたいという思いだ。ある県警幹部から「東京新聞だからではなく、望月、あなただから教える」とネタを引き出したときの喜びは今も忘れられない。権力者が隠したい情報は簡単には出てこない。秘密を保持している人との信頼関係を築くことで教えてもらえるものだ。だから私は当局取材を否定するつもりはまったくない。

ただあのころの自分をあらためて振り返ってみると、懐かしさとともに反省の二文字も脳裏に浮かんでくる。

ニューヨーク・タイムズ元東京支局長のマーティン・ファクラーさんと『権力と新聞の大問題』（集英社新書、2018年）という書籍を刊行したとき、マーティンさんに言われたことがある。かつて私は東京地検特捜部の担当をしており、日本歯科医師連盟の闇献金疑惑を追っていた。そのことに話が及んだときだ。

マーティンさんはこう言った。日本の新聞記者は、検察や検察幹部に夜討ち朝駆けして、情報をもらっている。日歯連の闇献金疑惑も捜査当局からネタを引き出してスクープしたのだろう。でも聞いてみたい。あの問題で当時の首相の橋本龍太郎《はしもとりゅうたろう》氏、自民党幹事長の野中広《のなかひろ》務《む》氏、自民党参院幹事長の青木《あおき》幹雄《みきお》氏の3人が日本歯科医師連盟会長から1億円の小切手を受け取っていたが、橋本派の議員、村岡兼造《むらおかかねぞう》氏が在宅起訴されただけで、橋本氏、青木氏は不起訴、野中氏は起訴猶予となった。一方で、小沢一郎《おざわいちろう》氏は政治資金規正法違反で起訴されたし、鳩山由紀夫《はとやまゆきお》氏も秘書が政治資金規正法違反で在宅起訴され、有罪となった。自民党議員と野党議員、特捜部の起訴内容に差があるのはなぜなのか。私はこれまでそういった視点で書かれた記事を見たことがない。日本の記者は当局から情報を引き出すことに注力するが、大局的な視点で見ないのはなぜなのか——。

　この指摘は本当に耳が痛かった。その通り、私自身、県警や地検がらみの案件に特化しすぎていた。つまり当局取材に偏重しており、一歩引いた視点がなかったし、事件以外に自らアンテナを働かせて問題をキャッチして掘り下げていたのかというと心もとない。

　出産して仕事に復帰してからは、調査報道ということを意識して取材することにした。積極的に、というより物理的な制約からだった。子どものことがあり外出がままならなくなり、残業もほとんどできなくなった。当局の担当に夜討ち朝駆けなどとてもできない。自分でテーマを見つけ、動ける時間で、つまり日中にあちこちに取材するようになった。朝も夜も問わない毎日の忙しさからは解放されたが、逆に深掘りしたテーマに何らかの報道する価値を見出《みいだ》し、原稿を書かないと記事にならない。もちろん長く取材していっても成果が出ないこともある。

最初に取り上げたのは武器輸出だ。取材し始めた当初は、防衛も武器もわからないことばかりだった。それでも続けていると、防衛省や企業で働く人々が少しずつ話をしてくれるようになり、知られていなかった事実を掘り起こし、報道することができた。最近では、宮古《みやこ》島の自衛隊基地内にある弾薬庫が、住民に知らされず保管庫と偽って造られていた問題や、日本学術会議の菅首相の任命拒否問題（第三章）、名古屋出入国在留管理局に収容中に33歳で死亡したスリランカ人ウィシュマ・サンダマリさんの事件（第六章）などを追っている。

テーマは、自分で見つけることもあれば、社内の取材班の一人になることもある。いくつかのテーマを並行して追いかけたりもしている。

もちろん、突然ニュースが入れば、それまで追いかけているテーマを一旦《いったん》置いて対応する。いつもかばんは資料でいっぱいになってしまうのでキャリーケースを転がしているし、パソコンの画面はアイコンで埋まっている。

そのなかで、自分自身の取材手法を改めて考えることになった黒川弘務《くろかわひろむ》検事長の賭《か》けマージャン報道を取り上げてみたい。市民の皆さんとメディアの常識が、想像以上に距離があるのではないかと痛感したからだ。

賭けマージャンをした記者たちへの評価

まずは経緯を簡単に振り返ってみたい。発端は2020年1月の閣議決定だった。安倍内閣は「業務遂行上の必要性」を理由として、東京高検のトップ、検事長の黒川弘務氏の定年を半年延長することを閣議決定した。検察官は、検察庁法という法律にのっとって任期が決められており、検察官の定年は63歳の誕生日の前日と定められている。黒川氏は誕生日の前日の20年2月7日をもって退職するはずだった。

しかし政府は、国家公務員法という、別の法律にある延長規定に合致しているので問題ない、と説明した。これまでの歴代内閣は、検察官の定年に国家公務員法の定年制は適用されないとの立場だったので、それを一変させるものだ。

閣議決定のお墨付きは得たものの、検察庁法という法律にのっとれば違法状態のまま、黒川氏は2月8日以降も検察官であり続けた。政府も分が悪いと思ったのか、検察官の定年延長を含む検察庁法改正を国会に提出していた。「後付け」での定年延長の正当化だ。端的にいえば、政権の検察人事への介入といってよい。

国会では激しいやり取りが行われたが、ニュースは新型コロナウイルスのことが大半で、メディアも世論も大きく動かないまま採決が迫った。

事態が動いたのは採決の直前、5月8日のことだ。会社員の笛美《ふえみ》さんによる「#検察庁法改正案に抗議します」というツイートが広がり、俳優の小泉今日子《こいずみきょうこ》さんら有名人が次々にこのハッシュタグを使ってツイート、週明けには1000万回以上ツイートされた。

私が取材したある自民党議員は当初、余裕のそぶりを見せていた。

「こんなの所詮《しょせん》、お前みたいな活動家たちが、いくつもアカウント使って呟《つぶや》いているだけで、数が膨らんだって大したことはないんだ」

しかし週が明けてツイートが急増した途端、こう言い出した。

「これは単に活動家だけの仕業ではないな。右左の言い争いではなく、国民が皆怒っているんだな」

野党が弱いとふんぞり返っている自民党議員でさえ、一番怖いのは世論の風だ。ある野党議員が後々、こんなふうに話していた。

「この法案は安倍・菅案件で『絶対』だから強行採決してくる。反対してもしょうがないし、何でも反対していたら共産党と同じになると、野党議員の一部は賛成に回ろうとしていました」

その程度の認識なのかと聞いたときは愕然《がくぜん》としたが、フタを開けてみれば、安倍氏は5月18日に突然、法案の見送りを表明した。その直後の20日、「週刊文春」の発売の先行記事として、「文春オンライン」に黒川氏がゴールデンウィーク中に産経新聞の記者二人と朝日新聞の元検察担当記者（当時は記者職を離れ管理部門勤務）と賭けマージャンを行っていたことを報じた。記事を読むと、週刊文春が発売される週の日曜日に、黒川氏が直撃取材を受けていたことがわかる。安倍氏も世論の風と黒川氏のマージャン報道が出ることを知って、成立を見送ったのだろう。黒川氏は5月22日付けで辞職した。

少し長くなったが、これが大まかな流れだ。そもそも、安倍内閣はなぜそこまでして黒川氏の定年を延長させたかったのか。一番大きい理由は、直後の20年5月、弁護士や法学者662人が刑事告発した「桜を見る会」の前夜祭を巡る公職選挙法違反および政治資金規正法違反事件での、安倍首相への特捜部の追及を弱めるためだったと私は見ている。ほかの官邸や自公政権に絡む贈収賄などの捜査の手を緩めさせるためというのもあったかもしれない。それとは別に私が考えたいのは、記者の賭けマージャンについてだ。

このニュースが報じられたとき、皆さんはどう思っただろうか。私の周りの友人や市民の方から届いた声はこんな感じだ。

「記者さんって、取材相手といつもこんなことしてるの？　こんなふうにしてネタとってるの？」

「国会ですごい議論になっていたのに、張本人の黒川氏の声は表に出ていなかった。記者たちは接触できていたなら、なぜ本人の声を報じなかったの？」

「産経も朝日も、謝罪はいらないから黒川さんの素顔を新聞でリポートして」

一方で、記者仲間から聞こえたのはこんな声だ。驚きと、そしてやっかみ半分の声といっていいだろう。

「記者たちはあそこまで黒川氏に食い込んでいたのか。あっぱれだ。正直、くやしい」

「権力者とのマージャン、自分もやってきたから産経や朝日の記者たちを否定できない」

「相手の懐に飛び込んでも、書くときは書くつもりだ。あの記者たちにとれば、書くタイミングが今ではなかったということだろう」

友人たちと記者たち。この温度差をどうとらえたらいいだろうか。

私はといえば、マージャンをしたことはないが、夜討ち朝駆け、食事含め、取材対象者との距離を縮めることで、報道する事実をつかんできた記者の一人だ。先輩記者たちが「あそこまで食い込んでいたのか」「あのくらいやれないとネタが取れないんだろう」という気持ちもわからなくはない。長時間、マージャンをする中で出てくる黒川氏のふとした本音や素顔、その先に摑《つか》みたい事件や法案の真相を聞きとる。きっと、黒川氏とマージャンをやっていた記者たちは、最後はネタとしての何かを狙っていたに違いない。ただそのネタが、当時、多くの国民の関心事だった検察庁法改正案の問題ではまったくなかったのだ。なぜ、彼らは政権による検察人事の介入に、記者として問題意識を持たなかったのか。ただただ残念だ。

抱きつき取材

一方で、そういった取材手法を少し前から「抱きつき取材」と称するようにもなっていて、同じ記者の間からも疑問の声が上がっていた。言葉は過激だが、そうとしか表現できないような捨て身の取材を強いられて、苦しんできた記者が多いことも知った。

その声が噴出したのは、18年4月の財務省の事務方トップ、福田淳一《ふくだじゅんいち》事務次官のセクハラ問題だ。

「週刊新潮」が、テレビ朝日の若手の女性記者に対して、福田氏がセクハラ発言を繰り返していたと報じ、福田氏は事務次官を辞任した。記者は1年ほど前から、取材を目的とした一対一の食事の席を何度か福田氏と設けており、そのたびにセクハラ発言があったという。

記者は自らの身を守るために、福田氏との会話を録音した。その上で自社の上司に相談し、セクハラの事実を報じるべきだと訴えたが、記者本人が特定される恐れがあるので難しいと判断された。セクハラがこのまま黙認されてしまうのではないか、という危機感を募らせた記者が週刊新潮に相談したのだ。

経緯を見れば、取材対象者の懐に入り込む手段である一対一の食事に対して、記者の危機感、拒絶感が浮かび上がってくる。記者である以上は、取材対象者と対等であるべきだ、お酒を交えずに話すべきだという叫びではないだろうか。

私はこの報道を知ったとき、私たちがこれまで是としてきた取材方法に対して、「本当にこの取材のやり方でいいんですか」という問題意識を突き付けられたように感じた。「権力と一定の距離を保ってこそ、初めて批判ができるのではないのですか」と。

懐に飛び込む取材がよしとされた時代に記者になった一人として、非常に考えさせられた。ともすれば自分の歩んできた道を否定することにもなってしまう。調査報道を行うにしても、情報を持っている人から提供を受けなくてはならない。そのためには相手との信頼感は必須《ひっす》だ。どこからが抱きつき取材なのか、どこまでが常識的な距離なのか、そんな便利な物差しはあるはずもない。

権力者と昵懇の仲になる

この事務次官のセクハラ問題で、私は今まで当たり前だと思っていた取材手法について考えをめぐらすことが多くなった。その中で起きたのが黒川検事長と記者たちの賭けマージャンだった。

私は黒川氏と賭けマージャンをしていた記者たちを知っていた。週刊文春の記事中では産経新聞社会部所属の記者がAとB、朝日新聞社員で元記者がCとイニシャルで記されていた。記事を読むと、A記者は東京都内の自宅マンションを5月1日および13日の深夜に、賭けマージャンの場所として提供していたという。

A記者は、私のように大きな声でしゃべる記者のそばで、優しくうなずきながら話を聞いてくれる、包容力のある癒やし系の方だ。B記者は私が横浜支局で働いていたときに、産経新聞の社会部にいた。うっすらした記憶だが、ひょうきん者で人柄もよく、私の上司とも仲良しだったので、上司や同僚たちと海岸でバーベキューをしたときにはB記者も参加していた。朝日新聞のC氏は私が東京地検特捜部を担当していたときの朝日新聞の裁判担当で、黒川氏をはじめとする検察幹部にも深く食い込んでいた。頭も切れるし、ゴルフもすご腕で有名だった。A記者は現役として、C氏は元司法記者としてともに優秀だった。

あとから考えれば、A記者については伏線といえるものがあった。不可解な黒川氏の半年間の定年延長に対して、各社が批判を展開していた最中に掲載された記事だ。

記事では、黒川氏はカルロス・ゴーン被告が逃亡した事件を指揮しており、任務の重さから考えても定年延長せざるを得なかったとみられる、と記していた。さらに、検察の暴走を防ぐためにも政権の意向が反映されるのは当然と指摘していた。

A記者を知っていただけに、記事の内容に少なからずショックを受けた。書かれているようにゴーン氏の逃亡事件の指揮ということであれば、現場に大勢いる優秀な検事に任せればいいはずだ。むしろゴーン被告が国外逃亡した件の責任を問われる立場にいたのが、黒川氏だったのではないだろうか。

さらには政府の意向で検察庁の幹部人事が恣意《しい》的に変えられる問題を、暴走するのは検察だと、論点をすり替えている点にも疑問を覚えた。黒川氏をかばいたいだけでなく、安倍政権にも媚《こ》びを売っているように思えてしまう。

賭けマージャンは数年にわたって、月に一、二度の頻度で行われていたという。つまりA記者が前述の記事を書いた前後にも、卓を囲んでいた可能性がある。黒川氏が帰宅する際にはハイヤーも手配されていた。まさに昵懇《じっこん》の仲と見えるし、その延長線上で忖度《そんたく》した記事が書かれた……のではないと信じたい。

取材対象者の懐に深く入り込んでいく取材は、状況によっては核心に近い情報を得て、解説記事を書くためにも必要とされている。しかし、あまりにも懐の奥深くにまで踏み込んでしまい、本来の目的を失うようでは本末転倒と言わざるをえない。

そもそも私たち記者が、権力者の懐にまで入り込む必要があるのはなぜだろう。権力の内側に潜む問題を、実情をよく知る記者として浮かび上がらせ、記事を介して問題の是非を世の中に問いただすためではないのか。その先には、政治や社会をよりよい方向へつなげたいという理念もあるはずだ。そのためには、心を通じさせた取材対象者に不利なことを書くこともある。

今回の事件で、私たちメディアに対する市民の皆さんの信頼を失わせたことは間違いない。ただ彼らだけに責任があるとは思えなかった。報道各社にこういった取材手法を良しする文化や慣習は存在したのであり、取材対象者とどう向き合うかという基本的な姿勢を、メディアの中できちんと問われるべきだったのだと思う。

検事長辞任のきっかけは

私は新聞記者になりたてのころ、千葉や神奈川、埼玉の支局に所属し、警察署を回っていた。かつては署の刑事部屋などでマージャン卓を囲みながら、先輩記者たちが捜査情報や裏話などを仕入れていたと聞かされた。捜査関係者と濃密な関係を作り、特ダネを入手するために、マージャンが必要不可欠なツールとして認識されていた時代が確かに存在した。

黒川氏の賭けマージャン問題発覚に対して、第一印象として「そこまで食い込んでいるのか」という思いを抱いた記者や幹部は、同様のことを経験してきた私より上の世代ではないだろうか。権力者と記者たちの癒着に見える行為を、今の若い記者たちは嫌悪していると言っても過言ではない。

取材対象者との仲を深める取材が記者として奨励されていたなかで、私自身、マージャンはしなかったが、お酒の席にはよく行っていた。身体が小さいのによく飲んでいたせいか、連続で飲むと内臓が痛む日もあり、よく昼間の取材をしながら、痛む腎臓のあたりをさすっていたのを覚えている。

出産してからは育児があって夜の飲み会に参加して取材することはパタリとなくなったため、お酒を飲む必要もなくなった。その分、体調と共に内臓も回復して、若返ったような気さえした。

だから、黒川氏の賭けマージャン問題を私より上の世代は、正直、真正面から批判しにくい、あるいは批判しづらい雰囲気があるのだろう。こんな言葉をよく耳にした。

「これを批判したら、ブーメランのようにこちらにも返ってくるよな……」

記者としてのキャリアを歩み始めたときから是としてきた取材方法を批判するのは難しい。できれば身内の事情にとどめたいという声も多かった。こういった記者たちの反応が、市民の皆さんからの不信感に拍車をかけてしまったと今では感じている。

情報を得るためには、権力者に食い込む必要がある。ただそこで忘れてはいけないのは「なぜ食い込まなくてはいけないのか」という問題意識だ。ただ仲良く、飲んだり食べたりマージャンするためではない。あくまでも権力者と記者、という立場が前提の関係だ。書くときは書く、という厳しさは何にもまして不可欠だろう。その様子が見えなかったのだから、市民の皆さんから反発が来るのは当然だった。

新聞社の役割とは何か。権力者の監視だ。そこは大元に据えながらも、そのための手法は時代の変化を取り入れなくてはいけなかった。社会のいたるところで、オープンなやり取りが当たり前になってきた。にもかかわらずなぜ権力者と記者という、本来相対する人たちが密室でやり取りしていたのか。なぜその内側を書かなかったのか。

おもえば、黒川検事長辞任のきっかけを作ったのが会社員の笛美さんのツイートだったことも時代の変化を映し出している。笛美さんのnoteには、新型コロナウイルス禍でずっと家にいて時間があったので国会中継を見るようになったと記されている。

〈調べれば調べるほど、政治的思考だけでなく、民主主義レベルでヤバイことので《ママ》は?しかもコロナで緊急事態宣言が出ている中で?と不安になりました。(中略)5月8日(金曜日)にいきなり内閣委員会で野党欠席のもと審議されて、来週には法案が通ることになったというニュースを見て震え上がりました。マスコミも大々的に報道せず、こっそり隠して採決まで持ってこうとしているようにも見えました〉

笛美さんが記したように、大手マスコミ、特にテレビ局の中で、この問題の当初の扱いは大きいとは決して言えなかった気がする。黒川検事長の辞任、そして法案の取り下げに、メディアの寄与が大きかったかと問われれば答えはノーだ。むしろ、市民の誰もが手にすることになったSNS、ツイッターという武器が、世論の怒りのうねりをつくり、それに突き動かされるようにメディアが追随していったと感じる。

今回の件は、週刊文春に象徴されるような記者クラブ外のメディアに寄せられたディープなネタとたれ込みに基づく、粘り強い取材や、新たに生まれたツイッターデモという潮流から生まれた。そのなかで、私たち記者は、どのように時代の変化を感じとり、社会の要請を受け止め、このうねりにこたえるために取材し、報じていけばいいのか。深く考えさせられる出来事だった。

社会が要請する報道姿勢

週刊文春のスクープ記事を受けて、元NHKの池上彰《いけがみあきら》氏は朝日新聞のコラム「池上彰の新聞ななめ読み」で、賭けマージャン問題を取り上げた。20年5月29日のことだ。NHK社会部の出身である池上氏は、コラムでまず読売新聞大阪本社社会部出身のジャーナリスト、大《おお》谷昭宏《たにあきひろ》氏が毎日新聞によせたコメントを引用している。

〈《記者は取材相手に食い込むために、お酒を飲んだり、マージャンやゴルフをしたりすることもある。まして黒川氏は検察でいえばナンバー2だ。同業者としては複雑な思いもあり、建前で語りたくはない》〉

このコメントを受け、池上氏は自身の見解をこう記している。

〈この時期に、これはなかなか勇気のある発言です。「賭けマージャンとはけしからん」と建前のコメントをするだけでも済んだのに、簡単に切って捨てるわけにはいかないという思いがにじみ、好感が持てました〉

大谷氏は賭けマージャンを「到底、肯定できない」としているし、池上氏も「いくら何でも賭けマージャンはまずいだろう」と同じコラム内で言及している。

そのうえで、池上氏は産経新聞の記者2人に対して「自分が現役の記者時代、とてもこんな取材はできなかったなあ」と感想を記し、さらに朝日新聞社員の元記者に対しても、「朝日の社員は、検察庁の担当を外れても、当時の取材相手と友人関係を保てているということだろう。記者はこうありたいものだ」と記している。私が事件の後に聞いたほかの記者たちからの感想と同じだ。

それに対して、声をあげたのは朝日新聞の政治部の記者、南彰さんだ。池上氏の記事が掲載された日の午前中に自分のツイッターを何度も更新したのだが、そこには南さんの強い危機感があふれている。

〈2014年に社の判断を批判する池上彰さんのコラム掲載が見送られた際、掲載するよう社内有志の署名を集めました。しかし、#賭け麻雀 という危機にこの微温的な指摘にとどまるなら、朝日新聞の上層部を甘やかし、改革を先送りさせるだけではないでしょうか。とても残念〉

〈2014年の件で、池上彰さんのコラムが聖域化された面がありますが、この危機をうやむやにしてしまうコラムなら歴史的使命を終えたと思います。朝日新聞の読者に対して失礼であり、社員や次世代を担うジャーナリストにとってもマイナスです〉

〈もし、朝日新聞の上層部が賭け麻雀問題の調査結果を出す際、この池上コラムの範疇《はんちゅう》で読者や市民が納得すると考えているとしたら大きな過ちを犯すでしょう。2014年以上

に深刻な危機になると思います〉

南さんが指摘している池上氏のコラム掲載の見送りというのは、14年8月のことだ。池上氏が朝日新聞の慰安婦報道に関する検証記事の問題点を指摘したコラムが一時、掲載拒否された。「掲載を拒否され信頼関係が崩れた」との池上氏のコメントが報じられると、朝日新聞の記者たちが30人超、次々にツイッターで憤りや批判コメントをあげ、掲載が決まった。後の第三者委員会の調査では、当時の木村伊量《ただかず》社長と杉浦信之編集担当の協議があり、実質的には木村社長が掲載を見送ったと結論付けた。木村社長は、コラム掲載の見合わせや慰安婦に関する誤報の取消しが遅れたことなどを理由に辞任した。

南さんに池上氏を公然とツイッターで批判することにプレッシャーは感じなかったのか、発信した後に、社内からの圧力は来なかったのか、と聞いてみた。

「プレッシャーは特になかったですよ。あのコラムが出たとき、朝日新聞上層部では、池上コラムに甘えて、マージャン問題をうやむやにしようとする空気ができてしまうかなと思い、ここは釘《くぎ》を刺しておかないといけないな、と思ったんです。

14年に池上コラムを不掲載にしたときは、『ちゃんと載せるべきだ』という署名集めを社内で、古田《ふるた》大輔《だいすけ》記者たちと一緒にやったこともあります。ダメなときは批判しないといけないと思うんです。

今は朝日新聞に戻っていますが、今回の件をツイートした当時は、新聞労連（日本新聞労働組合連合）に出向していたので、発信後も会社からの圧力はなかったです。池上コラムが神格化され、批評を避ける空気がありましたが、同じように違和感を覚えている人からは『その通りだよね』という反応も寄せられました」

いつもひょうひょうとしている南さんだが、このときも当たり前のことをしているまで、という感じで話してくれた。さすがだなあと感服した。

信頼をどう回復するのか

その南さんから連絡をもらったのは、賭けマージャン問題が報じられて半月ほど経ったころだ。有志活動団体「ジャーナリズム信頼回復のための提言」チームの発起人、ないし、賛同人になりませんか、と声をかけてもらった。今回の問題を受けて、記者たちの取材手法を問い直すため、問題点を挙げ、さらにどうあるべきかの提言を行うという。

やろうとしていることは素晴らしいと思ったが、私は即答できなかった。自分自身がこれまでしてきた取材や、今回の賭けマージャンをした記者たちについて、考えがまとまっていなかったからだ。

とはいえ、福田次官のセクハラ問題や、第一章で記した記者会見の問題など、これまでの手法が限界にきていることは確かだとも感じていた。私が記者会見で浮いてしまうのも問題の根は同じだろう。テレビ朝日の女性記者はじめ、若い世代の記者たちは、これまでの手法を無条件に受け入れるのではなく、おかしいことはおかしい、と声を上げている。なにより大手メディアと社会とのズレが看過できないところまで来ている。ＳＮＳなどで、一般の方から、記者の在り方への批判が止むことはない。

私自身も含めて、取材対象者との向き合い方そのものを見直す時期が訪れたのだ。もう一度、勉強し直してみたい、という思いも込めて、南さんへ「賛同人に名前を連ねます」と返答した。

「ジャーナリズム信頼回復のための提言」チームは、ウェブサイト note で20年7月10日、初めてのメッセージを発信した。

〈今回の問題は「関係者を処分すれば終わり」という単独の問題ではなく、日本メディアの職業文化に深く根ざしたもので、近年メディア不信を招いている記者会見の形骸《けいがい》化や、取材中の記者へのセクシュアルハラスメントなどにも通じる問題です〉

〈報道機関の人間が、渦中の権力者と一緒になって賭博罪に抵触する違法行為を重ねてい

たことは、権力者を監視し、事実を社会に伝えていくというジャーナリズムの使命や精神に反するもので、許されない行為です〉

発起人には南さんのほか、元TBSアナウンサーでタレント、エッセイストの小島慶子《こじまけいこ》（東京大学大学院情報学環客員研究員）、時事通信記者の中村進午《なかむらしんご》（元新聞労連新研部長）、元ロイター通信記者の林香里《はやしかおり》（東京大学大学院情報学環教授）、元朝日新聞記者でジャーナリストの林美子《はやしよしこ》、そして京都新聞論説編集委員の日比野敏陽（元新聞労連委員長）の5氏が名前を連ねていた。

賛同人は135人を数えていた。そのうち日本の新聞、通信、放送の企業などで構成される、日本新聞協会に加盟する129社の現役社員および記者は73人に達した。私もそのうちの一人だ。

noteには、現状の問題点として5つと、改善のための6つの提言が掲載されている。まさに、私たちが当たり前にしてきた取材手法そのものを問い直そうとしており、賭けマージャン問題からわずか2か月でここまで冷静に分析してまとめ上げられるのか、と驚嘆を覚える。ぜひ実際にnoteで確認していただけたらと思う（https://note.com/journalism2020/n/n3b4c1e0648e0）。

取りまとめ役の南さんは、第一章でも少し紹介したが、朝日新聞の政治部の記者で17年には共に菅官房長官の会見に出席し、鋭い質問を投げかけていた。その後、新聞労連の委員長として出向し、現在は再び政治部記者に戻っている。

いつも物静かで、感情を荒らげるところを見たことがない。会見の質問のときも、内容は非常に鋭いのだが、普段の穏やかな口調そのままに問いかける。新聞労連の委員長になったときには、パワハラやセクハラはじめ、会社から不当な処分や扱いを受けている全国の組合員の記者たちを救うために全国を走り回り、さまざまなイベントや催しものを企画していた。

労連という組織のジェンダーバランスのおかしさにもすぐさま異を唱え、19年7月には、労連役員の「女性枠」（特別中央執行委員）を新設し、8人を選出。新聞労連役員の女性比率は、18年7月の定期大会で掲げた「3割以上」目標を達成する見通しになった。

これからの政治や社会を変えるには、ジェンダーや多様性への理解とアプローチがなければはじまらないという強い信念が南さんにはあるように思う。その姿勢は、出会ったころから一貫してぶれていない。

6つの提言は発表された同日付けで、日本新聞協会に加盟する新聞・通信・放送の計129社の編集局長および報道局長に送付された。

さらにチームの発起人メンバーは9月14日に再び日本新聞協会加盟社へ、メディアの体質改善へ向けた議論を各社の幹部レベルで行ってほしいと求める提言を提出した。当初135人だった賛同人は1000人を超えていた。

権力者への記者の向き合い方や取材手法、報道姿勢そのものに疑問を抱いている現場の記者がいかに多かったのかとあらためて気づかされる。賭けマージャン問題は、水面下で見えていなかった記者たちの思いを浮かび上がらせ、可視化させた。

日々、私たち記者は目の前の取材や原稿でいっぱいいっぱいになっている。取材のやり方そのものを問うのはとてもパワーがいるし、ましてやそれを変えるとなると並大抵ではない。それでも、少しずつは変えられるはずだ。

まずはこれまでの取材手法がすでに社会の常識と乖離《かいり》してしまっていることを認めるところから始めていきたい。なぜ記者クラブに入っていない週刊誌が、政治家の問題をスクープできるのか。なぜ会社員のツイートが大きなうねりを起こせたのか。

事実を一つずつ丹念に見ていけば、おのずと取材のやり方も変えていけるのではないだろうか。抱きつき取材ではなく、書けない前提のオフレコ懇談で権力者と蜜月《みつげつ》を築くのではなく、事実を積み上げていく。

新聞記者に求められているのは黙っていれば発表されるニュースを半日、早く報道することではない。読者が知りたいと思っていること、だれもが気付いていない問題を察知し、世に問うこと、それしかない。

第三章　日本学術会議問題と軍事研究

木を見て森を見ず

東京新聞の論説委員を務める富田光《とみたひかる》さんから連絡がきたのは2020年9月30日のことだ。日本学術会議の新会員人事に関して、独自に情報を入手したという。

「どうやら松宮《まつみや》さんが外されたようだ」

日本学術会議というのは「学者の国会」といわれる団体で、国内の研究者が集まり、専門家の立場から政策提言を行っている内閣府直轄の組織だ。新会員は、専門分野での実績を踏まえて会員たちが候補者を決めて推薦し、内閣総理大臣が任命する。聞けば、立命館《りつめいかん》大学大学院法務研究科の教授を務める松宮孝明《たかあき》氏が、日本学術会議の新会員として推薦されながら、菅首相から任命されなかったという。

富田さんは、新聞記者として社会部や経済部、オーストリアのウィーン特派員などを歴任。管理職として特報部や経済部のデスク、そして経済部長を務めてきた。私の記者の仕事のなかで忘れられない調査報道の一つとなった、武器輸出問題を取り上げることを提案し、背中を押してくれた恩ある先輩でもある。

豊富なキャリアのなかで築いてきたパイプから得るさまざまな情報を、幾度となく私のもとにも届けてくれた。今は基本的に内勤の論説委員なので、入手したネタを追いきれない状況があるのかもしれない。

しかし、非常に恥ずかしいことなのだが、富田さんの問題提起に私は鈍感だった。そのとき、就任したばかりの菅首相が、内閣記者会の記者たちと完全オフレコ懇談会を開こうとしていると報道されていたからだ。しかも好物のパンケーキを食べながらという。菅氏は首相に就任以降、臨時国会を召集しておらず、所信表明演説も行っていなかった。国民にどういった国づくりをしていくのか、直接メッセージを届けていない状態でのパンケーキのオフ懇、一体だれがどういうことを意図して企画したのだろう。内閣記者会の記者たちは応じるのだろうか。

「わかりました。ありがとうございます。取材しておきます」

富田さんにはお礼を伝えたが、私の頭の中はパンケーキ懇でいっぱいとなっており、情報の軽重を判断する感覚が失われていた。連絡をもらった直後の午前に電話をせず、ようやく午後6時過ぎに電話をしたのだが、そのときにはすでに松宮教授は、研究室を離れて不在になっていた。「明日またかけよう」と思った記憶がある。

翌、10月1日の朝。総括デスクから電話がかかってきた。

「学術会議で後任の候補者が菅首相の意向で外されたと赤旗に書かれた。追えるか？」

抜かれたネタは、富田さんが情報を届けてくれていた、日本学術会議の新会員人事そのものだった。

「菅首相、学術会議人事に介入」

一面のトップで白抜き文字の大見出しを打ち、サブの見出しとして「推薦候補を任命せず　安保法批判者ら数人」を縦に添えて報じたのは、しんぶん赤旗だった。

「やられた……」

これまで何度も他社に抜かれたことはあるが、今回は悔しさもひとしおだった。自分の判断ミスによる失敗だ。しかも私は15年ごろ、武器輸出問題のかかわりで日本学術会議をかなり取材していた。

「富田さん、本当に申し訳ありません」

心のなかで何度も頭を下げながら、消沈した気持ちで松宮教授に電話を入れ、後追い取材をかけた。その電話で、しんぶん赤旗で報じられた、日本学術会議の事務局長と松宮教授の間で9月29日の夕方に交わされた会話が事実だとわかった。

菅首相が任命した新会員名簿内に、松宮教授の名前がないと連絡があったこと。他にも数人の候補者の名前がなかったこと。何かの間違いではないかと学術会議の事務局側が所管の内閣府に問い合わせたところ、「間違いではない。理由はノーコメント」と回答があったことなどを記事にして、夕刊の締め切りに間に合わせた。

富田さんには「申し訳ありません」とメールを入れた。どんな反応が来るかと少し心配だったが、思いがけない返信がきた。

「いいよ、いいよ。世の中が大事だと思ってくれたからよかった」

そのメールを読んで、なんとか巻き返そうという思いを新たにした。

それにしてもなぜ、連絡を受けたときに反応できなかったのか。「木を見て森を見ず」の状態だったとしか言えない。パンケーキ懇のことも重要だが、日本学術会議の話とは比べものにならない。富田さんから情報をもらった時点で、まず松宮教授に電話を入れ、日本学術会議のことを調べていたなら……。

フェイスブックに書かれていた特ダネ

同業他社に特ダネを報じられたときには、後追い取材と並んで、どのような経緯で情報がキャッチされたのかという点もやはり確認する。

今回、しんぶん赤旗は、松宮教授のフェイスブックに投稿した文面から端緒をつかんだようだ。たしかに松宮教授は、9月29日の午前8時40分に事務局とのやり取りを記していた。

〈先ほど、学術会議の事務局から電話があり、私は「会員の候補者」として「内閣総理大臣に推薦」されたのだけれども、なぜか「内閣総理大臣が任命する」会員の名簿に掲載されていなかったとのこと。事務的なミスではないようで、このようなことは学術会議史上初めてのことらしい。また、ほかにも、同じように推薦名簿にありながら任命名簿になかった人がいるようだ。学者として「優れた研究又は業績がある科学者」と認められたことは名誉なことだと思っていたが、内閣総理大臣から任命を名指して外されるほどの科学者だとは知らなかった。これほど名誉なことがあるだろうか（´∀｀）〉

ツイッターにブログ、フェイスブックにインスタグラムなどなど、さまざまな発信手段があるなかで、ニュースになる書き込みを探し出すのは容易ではない。膨大な公開情報から必要な情報を見つける取材を「オープン・ソース・インベスティゲーション」というそうだ。私もツイッターやフェイスブックをチェックしているが、見ていない時間もあるので到底追いつかない。

東京新聞には、読者などからネタを提供してもらうための「ニュースあなた発」という仕組みがあるが、本気で公開情報から問題を発掘するなら、専門の調査取材班があってもいいのかもしれない。膨大にある書き込みを読み込み、これは問題、ニュースになる、と察知する感度も知識も求められる。しんぶん赤旗の報道は、フェイスブックへの書き込みを見た記者が、これは大きな問題だと価値判断し、すぐに松宮教授へ連絡を入れて記事にしていた経緯がわかっている。

実は、松宮教授が任命されなかったという情報は、朝日新聞にも届いていたという。しかし、東京新聞と同じくしんぶん赤旗の後塵《こうじん》を拝した。

夕刊用の後追い取材をして原稿を書き、入稿作業を終えた私は、日本学術会議の総会が開催される予定になっていた港区の日本学術会議本部に向かった。この総会は半年に一度、開催される。会場には、しんぶん赤旗の報道もあって、数多くのメディアが取材に駆けつけていた。この日の総会が終わると、会長だった山極壽一《やまぎわじゅいち》氏が囲み取材に応じた。

人類学者、霊長類学者にして、ゴリラ研究の第一人者としても知られ、京都大学の総長を務めていた山極氏は、9月30日で日本学術会議の会長を任期満了で退任していた（同日、京大総長も退任）。10月1日付けで新会長に選出されたのは、15年にノーベル物理学賞を受賞していた梶田《かじた》隆章《たかあき》氏だ。私の取材当日の会長は梶田氏だが、今回の任命拒否問題に関して当事者だったのは山極氏だ。

山極氏の囲み取材で、松宮教授を含む6人が新会員へ推薦されながら菅首相が任命を見送った、その経緯がおぼろげながら見えてきた。

日本学術会議側は20年2月上旬まで、合計で約２２００人におよぶ会員および連携会員から新会員の推薦を受け付け、その後にさまざまな審議をへて、臨時総会で１０５人の新会員候補者を承認。8月31日に当時の安倍首相へリストを提出した。安倍氏は8月28日に辞任を表明していたので、その直後だ。

首相が菅氏へ替わっていた9月、内閣府官房人事課から28日になって、新会員の任命名簿が日本学術会議の事務局に送付されてきた。

「しかし、何度数えてみてもリストには99人の名前しか記されていませんでした」

山極氏は普段のように淡々と落ち着いて話しているように見えたが、質疑をくり返すうちにその言葉の端々には、会議の推薦者を拒否されたことに対する菅氏への怒りが滲《にじ》み出ているように思えた。

「事務局側から内閣府官房人事課に問い合わせましたが、『事務的なミスではない』と説明されました。理由に関しては『答えられない』と繰り返されました」

日本学術会議内のさまざまな審議を経て選出した会員の名簿である。理由もなしに「わかりました」とは言えるはずもない。山極氏は、会長を退任する当日、任命しない理由の開示を求める文書を菅氏へ提出した。

しかし、政府からの返答がないまま10月1日の総会を迎え、名簿に記された99人だけが公表される事態を迎えたのだという。

「当然、納得いきません」

山極氏はそう言い切った。いったい何が起きたのだろうか。このときは私もまだ全体像をつかみ切れていなかった。

日本学術会議が官邸へ名簿を送ったのが8月末だったにもかかわらず、名簿を返送してきたのが約1か月後だったことも気になった。山極氏が退任する直前だ。日本学術会議側に抗議を含めて官邸と交渉する時間的な猶予を与えないためのタイミングを狙ったのだろう。10月1日には新名簿を発表しないとならなかったからだ。

山極氏は言う。

「任命権者は首相なので、新会員を任命しないことはありうる。しかし、日本学術会議としては業績に基づいて推薦している。任命しないのであれば、相当の理由が必要になる。理由をつけずに任命しない、ということがまかり通るならば学術にとって非常に重大であり、私としては承服できない」

本当にその通りだ。教授たちは日本の研究者の代表として、日本学術会議の委員会などで、研究論文や実績などを含めた厳正な審査を経て選ばれた方々だ。いかなる理由であっても、会議が推薦した候補者の任命を拒否するのは、いくら政権に都合が悪いとしてもやりすぎだろう。見せしめの意味もあったのかもしれない。

そして菅氏は、今現在になっても任命拒否の理由を明らかにしていない。逆に日本学術会議のあり方を検討する自民党のPT（プロジェクトチーム、座長塩谷立《しおのやりゅう》）は、日本学術会議を政府から独立した法人格へと組織変更することを求める提言を行った。政府から一定の運営費の支出は続けたうえで、自主財源も確保すべきとした。また日本学術会議が打ち出した「現在の形態が望ましい」という見解に抵抗するかのように、政府は、内閣府直轄の「総合科学技術・イノベーション会議」で、日本学術会議の在り方を再び話し合わせている。自分の意に逆らうような団体には、嫌がらせをひたすら続けるという、権力に酔いしれたようなその姿勢には、驚きを通り越してあきれてしまう。

日本学術会議の成り立ち

ここで改めて、日本学術会議について簡単に紹介しておきたい。任命拒否問題以降、エリートの集団、上級国民、などのレッテルを貼られているが、決してそうではないことをまず知っておいてほしい。

日本学術会議は内閣府の特別機関で、日本の科学者・研究者の代表が集まった、科学者の国会だ。科学の向上発達を図り、行政、産業および国民生活に科学を反映浸透させることを日本学術会議は、科学が文化国家の基礎であるという確信の下、行政、産業及び国民生活に科学を反映、浸透させることを目的として、昭和24年（1949年）1月、内閣総理大臣の所轄の下、政府から独立して職務を行う「特別の機関」として設立されました。職務は、以下の2つです。

・科学に関する重要事項を審議し、その実現を図ること。
・科学に関する研究の連絡を図り、その能率を向上させること。

日本学術会議は、我が国の人文・社会科学、生命科学、理学・工学の全分野の約87万人の科学者を内外に代表する機関であり、210人の会員と約2000人の連携会員によって職務が担われています。

日本学術会議の役割は、主に以下の4つです。

・政府に対する政策提言
・国際的な活動
・科学者間ネットワークの構築
・科学の役割についての世論啓発

日本学術会議とは（出典　日本学術会議HP）

目的とし、政府にも専門家の立場から政策提言などを行う。

ホームページにはその役割が上記のように紹介されている。

２１０名の会員と、約２０００名の連携会員で構成され、任期は6年で3年ごとに約半数が任命替えされる。活動にまつわる経費は国の予算だが、日本学術会議法第３条には独立してその職務を行うと明記されている。

日本学術会議は、太平洋戦争で、軍事に科学技術の研究を利用された負の歴史から、「戦争を目的とする科学の研究には絶対従わない」とする声明を、１９５０、67年の二度にわたり発表している。

67年の発表の前には、日本物理学会が国

際会議を主催し、日本学術会議が後援した際、日本物理学会がアメリカ陸軍から資金の提供を受けていたことがわかった。当時、会長だった朝永振一郎《ともながしんいちろう》氏が謝罪し再度、声明を決議したのだった。これが学術会議の基本的な姿勢として現在まで引き継がれている。

当初は、権力から一定の距離を置いていた日本学術会議だが、会員の選出方法など、幾度もの組織改編が行われ、そのありようも変わってきていた。私が以前取材した際、ある会員は「日本学術会議は政府が主導する科学政策のシンクタンクになってしまった」と指摘していた。

実際、吉川弘之氏（97～2003年）以降、5人のうち3人の会長が、任期中から政府のシンクタンクに配置されている。また私が日本学術会議を取材していた16年、政府独自の「総合科学技術・イノベーション会議」の議長は安倍内閣総理大臣が務めていたが、14人の議員のうちの1人は当時の日本学術会議の会長、大西隆《おおにしたかし》氏（当時、豊橋技術科学大学学長）だった。

任命拒否の遠因

14年に産休から復帰した私は、調査報道を行うにあたり、テーマを武器輸出問題に定めることにした。同年4月に武器輸出（政府は武器ではなく防衛装備品といっている）を解禁した政府は、軍事増強に前のめりになっているように思えたからだ。解禁の決定を受けて、防衛省はさかんに各メーカーに防衛装備品や電子機器の製作を促していた。

日本が戦後維持してきた方向からの大転換に、当事者たちはどう考えるのか。三菱重工《みつびし》や川崎《かわさき》重工、NEC、三菱電機などのメーカーの幹部や、下請け企業の社長などを取材した。

こうしたメーカー側の動きと同時に見逃せなかったのが、民間研究と軍事研究の接近だ。政権の方針に影響されて大きく揺れ動いていた日本学術会議を、私はかなり取材した（以下は『武器輸出と日本企業』（角川新書）で詳細を記している）。当時の会長は大西氏だ。会長の在任期間は3年で、大西氏は11年10月～17年9月（2期）で、その後の3年間は山極氏、20年10月からは梶田氏となった。

武器輸出解禁の翌15年には防衛省が大学や研究機関、企業などに向けた新しい補助金制度「安全保障技術研究推進制度」を打ち立てた。安全保障に関連する研究に対して独自の研究費を出す、というものだ。国立大学は04年の独立法人化以後、毎年の交付金を1％ずつ減らされ、各研究室は科学研究費助成事業（科研費といわれる）など、外部の助成に応募して、競争的に研究資金を集めることを余儀なくされていた。新たな補助金制度は大歓迎のはずだが、安全保障に関するという点で、当惑が広がっていた。第二次世界大戦で研究者が戦争に加担してしまった反省や、研究者の国会である日本学術会議が掲げた二度の声明があり、いくら資金を得られるとはいっても大学側も簡単に判断できることではなかった。

防衛省もその点を想定してか、正面から軍事研究をうたったわけではない。民用を軍用に生かすという「デュアル・ユース」という響きのいい言葉を掲げて、研究者たちの心のハードルを下げた。デュアル・ユース、日本語にすれば「両用」、つまり「軍民両用」という意味だ。

そうしたなか、16年4月に行われた日本学術会議の総会で、会長の大西氏が突然、次のように発言した。

「会長だけど、一会員の意見として申し上げる。3・11の支援などで、自衛隊の役割というのが国民に広く受け入れられるようになった。これだけ世の中の人に理解されるようになった今、自衛的な研究、自衛的な軍事技術に関しては、許容されるべきではないか」

突然の私見に対し、会議は紛糾した。

「一会員といいながら会長という立場で、軍事研究を容認するような発言はどうなのか」

「自衛のための研究なら当然認められるべきではないか」

危機感をあらわにした1人が、会員だった山極壽一氏だ。

「会長は、国民の90%が自衛隊の存在を認めているとお話しされました。しかし、自衛隊の活動全般にわたって国民の総意は得られていません。それを踏まえ、なんらかの提言をする場合は、自衛隊の活動への論議はまだ熟していないと考えていただきたい。

また、デュアル・ユースの問題については、これはまさに研究者の自由にかかわるものです。（防衛省の新制度は）防衛のために使うことは初めから担保されています。この研究が少なくとも安全保障という言葉に代替されても、防衛に使うことを認めるということになるのです。そこの切り分けがはっきりしないうちに、研究者の自由、研究の自由という名のもとに、研究者個人の倫理観に期するような声明を出しては、まったく歯止めが利かなくなってしまいます。これまでの日本学術会議の声明を変えることのないような文言を考えていただきたい」

大西発言の約1か月後、日本学術会議として、防衛省の補助金制度をどうとらえるのかを話し合うため、学術会議の中に「安全保障と学術に関する検討委員会」ができた。委員長は政治思想史が専門で法政《ほうせい》大学教授の杉田敦《すぎたあつし》氏が務めた。そこで1年間かけてこの問題が議論された。

検討委員会にはさまざまな人が呼ばれた。防衛省の研究センターの研究員、軍事会社から資金提供を受けている海外の大学の研究者、デュアル・ユース技術の研究を掲げる研究者などだ。そこでじっくり議論して、翌17年3月に、「軍事的安全保障研究に関する声明」を発表した。

〈日本学術会議が1949年に創設され、1950年に「戦争を目的とする科学の研究は絶対にこれを行わない」旨の声明を、また1967年には同じ文言を含む「軍事目的のための科学研究を行わない声明」を発した背景には、科学者コミュニティの戦争協力への反省と、再び同様の事態が生じることへの懸念があった。近年、再び学術と軍事が接近しつつある中、われわれは、大学等の研究機関における軍事的安全保障研究、すなわち、軍事的な手段による国家の安全保障にかかわる研究が、学問の自由及び学術の健全な発展と緊張関係にあることをここに確認し、上記2つの声明を継承する〉

1年間の議論を見続けた私から見て、声明は玉虫色にも見えたが、日本学術会議が戦後保ってきた方向性を何とか継承しようと議論したあとがにじんでいるようにも思えた。

声明では、「軍事的研究はするな」とは明言していないが、「軍事的安全保障研究では、(中略)政府による研究者の活動への介入が強まる懸念がある」としている。

一方で「軍事的安全保障研究と見なされる可能性のある研究について」は、大学や各研究機関でその適切性を「技術的・倫理的に審査する制度を設けるべき」と一定の留保も取っている。また、学術の発展のためには、民間も含めたデュアル・ユース研究に対する研究資金の充実が必要、とも述べている。

その後、防衛省の補助金制度には15年度に東京工業大学が、19年度には筑波《つくば》大学が手を挙げた。北海道大学は補助金を2年間受け取っていたが、批判が続き18年に期間途中で取りやめた。

なんとか懲らしめたい

学術会議が1年にわたって議論して出した声明に対し、自民党の議員は「軍事研究に対する道が閉ざされた」「学問の自由の侵害である」と反発した。政府は防衛省の補助金制度を用いることで、軍民両用に道を拓きたかったが、声明が出たことによって辞退する大学が出てきたため、気に食わないという思いがかなり強かったようだ。このようないきさつもあり、自民党と官邸内には、学術会議を何とか懲らしめたいという長年の思いがつもっていったのではないか。

このほか、政府が日本学術会議を苦々しく思っていた一例として、原子力発電に対する提言も思い浮かぶ。日本学術会議は2017年9月12日に「我が国の原子力発電のあり方について　東京電力福島第一原子力発電所事故から何をくみ取るか」とする提言をまとめている。

〈1980年代以降、原子力発電関連事故に際して、安全性の観点から（日本学術会議が）提言等を行ってこなかったことは強く反省しなければならない〉

〈我が国の原発稼働の約45年間の歴史で、4基の原子炉が過酷事故を起こした事実が生じた。これを踏まえるならば、将来においても過酷事故の可能性を想定しなければならない。このため、今後も原発を稼働させれば、再稼働にあたって安全対策を強化することはもちろん、バックフィット方式により、絶えず最新の安全対策を適用することが必要となり、それに要する費用が、過酷事故を未然に防止するための費用として積み上がっていくことになる。それらの額は、事前に予測可能なものとはならない。このことは、原子力発電が工学的に未完の技術であることを示している。したがって、原子力発電を安価な電力供給法と見なすことには既に懸念が生じており、原子力発電関連で、一部の企業では深刻な経営危機すら発生している〉

この提言が出たのは、福島第一原発の事故から6年がたったころで、原発再稼働を推し進める政府にとっては耳が痛い話だっただろう。学術会議の提言には、「未完の技術」「安価な電力供給法と見なすことには既に懸念が生じており」などと記されており、強い危機感が伝わってくる。専門家からの提言となれば、簡単に無視することもできない。「なぜ政府の方向性に従えないんだ」という思いはあっただろう。

とはいえ、政治的に対立することを主眼とした組織ではもちろんない。たとえば2020年7月から行われているレジ袋の有料化も、学術会議の提唱がきっかけだった。

14年に始まっていた人事介入

政権が進めたい政策と、研究者の考えは必ずしも一致するとは限らない。どの内閣のときも、「なぜ政府の言うことを聞かないんだ」という思いはきっとあったはずだ。ただ歴代内閣は人事への介入に対しては抑制的だった。

新会員については、内閣側から何か言うことはなく、日本学術会議から内閣府に提出される推薦名簿を、ただ「承認」するだけだった。中曽根《なかそね》康弘《やすひろ》氏が首相だった1983年、形だけの推薦制であり、政府は「推薦していただいた者は拒否しない」と国会で明確に答弁している。

ではなぜ今回、突然やり方を変えたのか。取材を進めると、人事介入は今回が初めてではなく、すでに2014年に任命拒否が起きていたことが明らかになった。事態は思ったより深刻だ。

以下、取材でわかった経緯をまず述べたい。

学術会議は3年ごとに半数が入れ替わるので、安倍政権以降で新会員の入替えがあったのは14年、17年、そして20年だった。この定期交代のほか欠員が生じたときも人事が行われる。

まず14年7月、新会員の定期入替えのときのことだ。学術会議の臨時総会後、官房副長官の杉田《すぎた》和博《かずひろ》氏は、新会員の候補について、これまで1人の欠員に対して1人の推薦者を学術会議が出していたものを首相が自動的に任命していたが、今後は、1人の欠員に対して複数の候補者名簿を出すよう要求した。会議側はそれに応じて定員を上回る名簿を提出したが、会議側が付けた候補者の推薦順位を入れ替えようとしたりした。このように会議の独立性を脅かす数々の介入を杉田氏が重ねていたことがわかった。一方、官邸側は候補に難色を示す理由を日本学術会議に問われると、「人事の過程」を盾に答えることを拒否し続けた。

16年には欠員が生じ、補充人事が行われた。学術会議の定年は70歳なので、誕生日が来る前日に定年退職となったり、体調やその他さまざまな事情で任期の途中で退任する人もいる。そうした空いたポストに対して、連携会員2000人の中から、候補となる人を学術会議内でいくつかの段階を経て選考することを補充人事という。学術会議は新会員の候補者を立てたが、このときも官邸が選考段階で難色を示した。その候補者については官邸と学術会議が折り合わなかったため、欠員が生じたままという事態になった。

17年秋の定期交代では、105人の定員に対し、官邸はそれを上回る候補者のリストを示

時期	日本学術会議会長	首相	入替えの事由	人事介入の様子
2014年	大西隆	安倍晋三	定期交代	105名の定員に対し、官邸側は日本学術会議側に選考過程での説明を求め、加えて定員を上回る候補者名簿を出すように要求。日本学術会議はそれに応じ、117名の名簿を提出したが、もともと推薦した105名が任命された。
2016年	大西隆	安倍晋三	補充人事	3名の欠員が生じ、日本学術会議は新会員の候補者を立てたが、官邸は同意せず、3名の欠員が生じたままに。
2017年	大西隆	安倍晋三	定期交代	105名の定員に対し、官邸はそれを上回る候補者名簿を要求。学術会議側は要望に応えて6名多い、111名の候補者をリストアップしたが、もともと推薦した105名が任命された。
2018年	山極壽一	安倍晋三	補充人事	1名の欠員が生じ、日本学術会議は新会員の候補者を立てたが、官邸は同意せず、1名の欠員が生じたままに。
2020年	山極壽一	菅義偉	定期交代	105名の定員に対し、官邸側はそれより多めのリストを求めたが、日本学術会議側は応じず、105名ぴったりの名簿を提出。6名が任命拒否された。

日本学術会議における官邸の人事介入

すように要求。学術会議側は官邸の要望に応じて、6名多い111人の候補者をリストアップしたが、このときは学術会議側がもともと推薦した105人が任命された。ここまでは大西氏が会長を務めた。

山極氏が会長となっていた18年にも補充があったが、学術会議が推薦しようとした人を官邸が同意せず、16年と同様、このときも欠員のままとなった。なお、国会に提出された資料では、杉田氏が会議側に推薦順位の入替えを求めた18年9月以降、少なくとも20回にわたり会議事務局と内閣法制局の間で、任命拒否の法的根拠となる文書の修正が繰り返されていたことも判明した。

そして今回、20年の定期交代だ。官邸は、17年と同じく105人の定員より多めに出すように求めたが、前回は応じた学術会議側も今回は応じず、105人ぴったりの名簿を提出した。そして6名が拒否されたのだった。


以上が、安倍政権以降の日本学術会議と官邸のやりとりだ。学術会議と長く緊張関係にあった自民党は、学術会議法を変えるなどしてきたが、その総仕上げとして、今までやらなかった任命拒否を表立ってやったのだろう。安定した支持率を誇っていたし、ほかでもうまくいってきたからだ。

安倍政権は14年に内閣人事局を設置し、17年には杉田和博氏が人事局長となって官僚人事を統制するようになった。官僚だけではない。毎日新聞が書いていたが、最高裁判事にも複数候補を出すように言っていた。三権分立もおかまいなしだ。検事長の人事も同様で、第二章で記したとおりだ。方々で人事をコントロールしようとやってきており、その一連の流れに日本学術会議もあったのだろう。

こうしてみてくると、首相だった菅氏が行った20年の任命拒否は、あくまでも前例踏襲であり、菅氏にすれば「なぜ自分だけそんなに批判されなくてはいけないのか」と思っているかもしれない。

ここで、恥を忍んで記すが、16年と18年の補充人事では、前述したように日本学術会議と官邸側が折り合わず、欠員が出たままになっていたにもかかわらず、どのメディアも報じることはなかった。私自身、このとき日本学術会議を取材していたのだが。当時の日本学術会議の幹部会の中では、このことを総会の場で公表することも検討したらしいが、大西会長を含めた話し合いの末、公にすることをやめるという判断になったようだ。

公にしていれば、16、18年と、日本学術会議が官邸の人事介入を問題視し、メディアを通じ、世論に訴えかけることもできたはずだ。一方、メディアに出ることで、世の中に過度に騒がれ、官邸vs.日本学術会議という構図に持ち込ませたくないという、日本学術会議の幹部陣の思いもあったのかもしれない。

しかし、ことをうやむやにして水面下でやり続けてきた結果が、6人の任命拒否というとんでもない事態に結びついてしまったと思う。菅氏は、会見で反発を予想していたかについて記者に問われると「かなりなるのではないかと思っていた」とにやりと笑ったほど、日本学術会議の自律性・自主性を軽視し、力でねじ伏せようとしている。

官邸の不当な人事介入に日本学術会議がもっと早くから一致団結して、公然と批判するという動きに出ていれば、今回のような問題にまで発展しなかった可能性がある。メディアだけでなく、学術会議もまた官邸への畏縮《いしゅく》と忖度をしてしまったのではないかと残念だ。

大西元会長の弁明

こうした経緯が明らかになるまで、私は日本学術会議の関係者に取材を重ねた。直接当たれないときは、これまでのつながりを通じて紹介してもらったりもした。

あたったうちの一人が元会長の大西氏だ。しんぶん赤旗に抜かれた直後の20年10月4日、朝日新聞朝刊一面に、安倍政権時代の首相官邸が16年の補充人事の選考過程で難色を示し、3人の欠員が補充できなかったとのスクープ記事が出て、私はすぐ大西氏に連絡を取った。

彼が日本学術会議会長だった当時、軍学共同を容認する発言を総会でしたことは前述した通りだが、そのやりとりを巡って、私はぶら下がりや会見を含めて、随分と大西氏とバトルをくり返していた。それもあって連絡を取るのを一瞬、ちゅうちょしたが、当時のいきさつを一番知っているのは間違いなく大西氏だったので、思い切ってメールをした。

想像に反してメールをするとすぐ返信がもらえたので、その後は電話に切り替えた。過去のバトルのわだかまりはあるのかな、と少し気になったが、大西氏は私の予想に反して、こちらが尋ねる質問に淡々と答えてくれたので何度もしつこく電話取材を行った。ただ、杉田和博内閣人事局長とのやりとりはところどころぼかされたし、「僕は『杉田さん』と名前を言ってないからね」とあくまでも杉田氏とのやりとりと思われる箇所も「官邸は」という言い方に終始した。

もどかしさはあったが、かつてのバトルでもっと嫌われているかと推測していただけにやや拍子抜けした。

同時にいろいろと私に説明をするのは、会長時代に杉田氏側の要請を、ある意味のんでしまったことへの自責の念と、事が公になった以上、学術会議の会員へのエクスキューズ（弁明）も含め、メディアを通して説明せざるを得ない状況に追い込まれたからではないか、と感じた。大西氏はその後、東京新聞に寄稿しているが（10月8日掲載）、そこにはこんな言葉が書かれている。

〈学術会議は多様な専門を持つ会員がそれぞれの専門を生かしながら議論する場で、会員は政治的な主張を戦わすわけではない。ここが、学者の国会といわれながら本家の国会と大きく異なるところである。総理にはこのことを理解して、多様性を認め、国内の最先端の学者の議論の成果を種々の政策に生かしてほしいと思う〉

掲載の翌日には、野党合同ヒアリングに出席するという。私は会場となった衆議院の控え室へ向かった。

大西氏は、10分ほどにわたって、16年の補充人事での出来事を丁寧に説明した。

16年は、三つのポストで補充人事を行うことになった。このとき、選考の途中で、官邸側から「選考過程を説明してほしい」という連絡がきたという。これまでは選考がすべて終わった段階で官邸に名簿を提出していた。大西氏は、次のように理解を示した。

「これに関しては介入とは思いませんでした。私も大学の学長として人事を見ることがありますが、最後に持ってこられても何か言いたくても言えない。その思いはわかったので、説明することにした」

三つのポストについて、推薦順位の1番目と2番目の名簿を持参し、説明したところ、官邸からそのうち二つのポストについて、「(優先順位が)1番ではなく2番の方がいいのではないか」と入替えを求められたという。

「『どうしてですか』と尋ねたのですが、理由は明かされませんでした」

官邸側の要請に対してどうすべきか。日本学術会議内で議論したがまとめられず、提案を断念、そのため欠員が生じたままとなった。淡々とした表情で語った大西氏は、最後このようにまとめた。

「選考は専門分野の業績で判断しています。法律の基準と違う基準が適用され、（首相が）拒否した。学問の自由を制約しています」

17年に行われた半数入替えの定期人事では、「説明をより丁寧にしたところ」、官邸側は推薦通りに任命したという。

大西氏が当時の様子を語るのを聞くにつけ、ややもやが募った。そもそも学術会議法七条2項では、会議の推薦に基づき、総理が任命するとされ、十七条では優れた研究や業績ある科学者から選ぶとある。

推薦は学術会議で、選考権限は会議が持つ、とされており、官邸が補充人事で複数候補者を求めてきたり、学術会議が推薦してきた順位を入れ替えさせたりすることが、そもそも学術会議法に違反している。にもかかわらずなぜ、官邸側から難色を示されたときにもっと抵抗しなかったのか。抵抗が難しいと思ったのなら、なぜそのことを公にしなかったのか。

このときの大西氏が杉田氏の意向に毅然とNOと対応しなかったことが、結果として、今回の6人拒否につながる契機を作ったことは否めない。山極氏になってからは、そもそも複数候補を提示すること自体がおかしいということになり、1人の欠員に対し1人の推薦者しか示さないというかつてのあるべき形に戻したわけだが、人事に手をつっこみたい杉田人事局長や菅氏からすると「大西氏のときは、理解してもらったのに、今度は官邸の言うことが聞けないのか」と、強い反発を招き、6人の候補者拒否にもつながったのだろう。

私は取材を重ねるにつけ、大西氏の判断に怒りが膨らんだ。杉田氏の圧力があったとはいえ、大西氏の妥協が、結果として日本学術会議の公平性や透明性を歪《ゆが》めてしまったのではないだろうか。私はこの点について、野党ヒアリング後、他社も含めたぶら下がりの取材で大西氏に対して詰め寄った。

「当時の判断は結果として、官邸への人事介入を許したことにならないでしょうか」

大西氏はこう繰り返した。

「そうは思わない、結果として杉田氏には理解してもらい、日本学術会議としての妥協はしなかった」

山極氏への接触

では今回、20年の定期人事ではいったい何があったのか。そのキーマンは、会長であった山極氏を置いてほかにはいない。

山極氏は前述したように、16年の大西会長の発言に対しても懸念を表明していた。私も当時、何度か取材したが、会議内のバランスを取りながら、それでいて権力とも距離を保ち、感情を荒らげたりすることなく一研究者として言うべきことは言うというスタンスのように見えた。あのときのように話してもらえたら……しかし山極氏は、総会初日こそ、記者の囲み取材に応じたが、その後は表舞台へ出てこなくなっていた。

山極氏は、前述のように日本学術会議の会長を退任した同じ9月30日に、6年間務めた京都大学の総長も任期満了で退任していた。これまでは京都大学を通じて連絡すればアクセスできたが、それがかなわなくなった。私はさまざまな人に連絡を取り、なんとか山極氏のメールアドレスを手に入れた。

「やはり当事者だった山極さんが話さなければ、何も伝わらないと考えています。このままでは、日本学術会議が大変な状況に置かれてしまうと懸念しています」

私なりに感じた危機感を文面に込めたが、返信はない。ある人からは、山極氏が、熱しやすく冷めやすいメディアに利用されたくないと語っている、という話も耳に入ってきた。それに関しては私たちにも責任があるが、肝心の当事者が語ってくれなければ、日本学術会議は今後も同じ問題を抱えていく。

当時、首相の菅氏は任命拒否の理由について、大西会長のときは名簿の提出前に事前の調整があったが、山極氏のときはそれがなかった、と発言をしていた。

大西氏は私の取材に対して、前述したように、

「官邸に事前説明はしたが、要望を受けて選定過程も含め、事前に何かを調整したということ

とは一切ない。2016年の補充人事では官邸が難色を示したが、選考委員会で議論し『官邸の要望は受け入れられない』と判断したまで。調整をしたとは思っていない」

とくり返していた。

ほかの学術会議のメンバーや幹部にあたりながら、官邸の人事介入に絡む取材をつづけていた10月も下旬に入ったある日、山極氏からやっと返信が届いた。

短い文章ではあったが、主張することはする、という意図を感じた。

「事前調整というのは、相互が話をして調整するもの。私は（杉田和博官房副長官と）直接会うことも電話で話をすることも、事務局長を通じて断られた。話し合いたいとの官邸からの誘いもなかった」

「（日本学術会議事務局の）事務局長は105人の（推薦者）名簿を提出前に杉田さんに見せていると思う」

「（官邸側から）何か言われたとの話が伝わってきたが、直接言われていない。官邸側が『うわさ』として注文を付けて、こちらが名簿の構成を変えれば、官邸は『何も言っていない。会議が自主的にしたことだ』と言うだろう。そんな忖度はしたくない」

官邸側の婉曲《えんきょく》な働きかけがあったこと、それを拒否したことが伝わる文面だった。私としては、やはりもう少し話が聞きたい。

「ぜひ電話で話を聞かせてほしい。詳細を話してほしい」

その後も何度かメールをしたのだが、結局、その後の返事はなかった。

12月に入ったある日、毎日新聞に山極氏が登場していたのには本当に驚いた。新型コロナウイルス禍における教育をテーマにしたものだった。「日本学術会議以外のことならば」という理由で応じたとも聞いた。タイトルには「山極寿一氏が恐れる『オンラインで済む』という感覚」。その問題も大事だが、世間が今、山極氏に語ってもらいたいことはそれではない、と非常にがっくりきた。6人の推薦候補者を拒否されたときの会長として、官邸としっかり対峙《たいじ》し、人事介入を強く批判する姿勢を見せてほしかった。

18年には日本学術会議でも議論されていた

並行して、公開されている日本学術会議内の議事録を読み込んでみた。

まず、公開された18年の補充人事の際、幹事会の議事録には、おどろくような内容が記されていた。

「この問題はくれぐれも外には出さないでほしい」

「大騒ぎになるから」

「これは総会にかけるべきだ」

これを読めば、すでに18年の時点で、幹事会の中でこの問題が共有されていたことがわかる。幹事会の中では、有耶無耶《うやむや》にしてはいけない、とんでもないことが行われている、という認識はあったのだ。

その後、ある会員は私の取材に対し、次のように話していた。

「このことはくれぐれも外には出さないように、と言われていました。大ごとになるから。とりあえず外された会員の人事はそのまま見送って、4月の定期人事の推薦の際にまた頑張りたいと会長は言っていました」

日本学術会議側にも、表に出さず、内内で収めようという考えはあったのだろう。このときすでに官邸の圧力の前に学術会議は日和《ひよ》ってしまった。少なくとも、おかしいという声があったのだから、表に出しておくべきだったのではないか。

20年の人事に関しては、同年6月の議事録やメモが開示された。

日本学術会議は、105人の新会員のうち、6つのポストに限って2人、計111人の推薦候補者を立て、官邸に提出している。6月1日もしくは2日のことだ。

その後、開示された同12日付けの日本学術会議内のメモは、ほとんどが黒塗りにされていて内容がまったくわからない。そして同25日の幹事会をへて、7月9日の臨時総会で105

人ちょうどの推薦候補者が決まっている。

臨時総会は承認の場なので、カギを握るのは幹事会だ。そこで会長だった山極氏は何を語ったのか。私は、幹事会出席者を探し出して取材をかけた。しかし異口同音に「山極会長からは何も聞いていない」と返ってくる。幹事会の議事録も何度か請求したが、開示されない。

12日の黒塗りメモにはいったい何が記されていたのだろう。私はこう推測する。このときの6つのポストに関して何らかの注文が官邸から出されたのだろう。それに対し、山極氏が「それは呑《の》めない」として、官邸との事前調整を行わずに幹事会、臨時総会に諮《はか》る旨を固めた、その経緯が記されていたのではないだろうか。14年の定期交代での人事を皮切りに、5回連続している官邸の介入に対して山極氏の堪忍袋の緒が切れ、すべてを1人で抱え込んだのではないか。

そう考えると、幹事会の出席者が口をそろえて「山極会長からは何も聞いていない」というのも筋が通る。幹事会の出席者たちが取材に対して黙秘を貫いているのではなく、事実、そうなのかもしれない。

山極氏は20年6月の時点で、京都大学の総長を退任したのち、国の研究機関である総合地球環境学研究所の第4代所長に就任することが決まっていた。21年4月からだ。自然科学、人文科学、そして社会科学の総合的な観点から地球環境問題を研究するという。初代所長の故日高敏隆《ひだかとしたか》氏は山極氏の恩師にあたり、思い入れも強いだろう。

山極氏の周囲の方に取材するとこんなことを言っていた。

「もし、今回の日本学術会議問題の真相を明かせば、研究所が何らかの不利益を被るかもしれない。それを危惧《きぐ》して、沈黙を守っているのかもしれませんね」

山極氏を批判するつもりはないが、現会長の梶田隆章氏のように雄弁でない方が、一生懸命、菅首相や井上信治《いのうえしんじ》科学技術担当大臣と会って交渉したり、汗を拭《ふ》きながら記者の質問に答えたりしているのを見ると、何ともいえない気持ちになってくる。山極氏はきっとここに至るまで相当闘ったのだとは思いつつ、日本学術会議がどうなるかの瀬戸際なのだから、当事者としてもっと踏み込んでほしいとも思う。

日々、さまざまな問題が起きる中で、日本学術会議問題はなし崩し的に忘れ去られようとしている。これは、なあなあで済ませていい問題ではない。私もメディアも、熱しやすく冷めやすい面もあるが、表面的に取り上げられなくなった問題であっても、その糸口は常に探し続けているつもりだ。

何度断られようが、今後もあきらめずに山極氏も含め、取材を続けていきたい。

第四章　フェイクとファクトの境界線

突然の4日待機ルールの取消し

２０２０年2月、新型コロナウイルスの感染者が徐々に増えてきたとき、感染が疑われる人がまず相談する機関として、「帰国者・接触者相談センター」が設けられた。政府は相談する際の目安の1番目に次のように記していた。

1）風邪の症状や37・5度以上の発熱が4日以上続く方（解熱剤を服用中の者も同様に扱う。）

国中がこの「4日待機ルール」で動いていた。20年4月22日に突然、専門家会議の会見で、釜萢敏《かまやちさとし》氏が次のように発言した。

「普段あまり受診されていない方でも体調が悪い状態が4日も続くようなら受診してくださいという趣旨だった」

今ごろになってそれを言うのか、と私は非常に驚いた。実際、この4日待機ルールにのっとって保健所は患者に対応していたが、「容態が悪いのに4日経っていないから病院で見てもらえない」「4日待機は間違いなのではないか」という声は、ＳＮＳのみならず、ニュースなどでも取り上げられていた。俳優の岡江久美子《おかえくみこ》さんも、このルールに従って待機をしていたが、4日目に悪化して、救急搬送された後に亡くなった。

人命がかかった事態の重大さに比べて、あまりにも軽い物言いではないだろうか。自分たちの見解が間違っていたなら正直に詫《わ》びて、正すのが当たり前の態度だ。専門家であっても、事実を認めずにごまかし、その場しのぎをするのかと苛《いら》立《だ》ちを覚えた。

この釜萢氏の発言に対し、ツイッターで一般のtaka.peaさんが「大胆な歴史修正」「彼らが大勢の生死を左右する諮問機関に居てはいけない」と指摘した。私がこれをリツイートすると、おどろいたことに同僚からフェイスブックにメッセンジャーが届いた。厚労省のある技官からのメッセージを受けたという。

「あのリツイートは、間違いだから外したほうがいいですよと言っています」

この忠告に、私はさらに憤りを覚えた。今だったらもう少し冷静になれるかもしれないが、世の中はこれまでにない事態に混乱して、不安に満ちていた。感染だけではない、感染しても病院で診てもらえないかもしれない、という不安だ。超過死亡のこともあった。私の知人の家族もこの時期に亡くなったのだが、全員がせき込み、頭痛や発熱があったため、コロナを疑ったにもかかわらず、病院には最期まで検査をしてもらえないままだった、と聞いた。

この事態に厚労省の役人は、一新聞記者のツイッターをチェックし、しかも東京新聞の同僚を介して忠告してくる。同調圧力で口を封じるようなやり方にも反発を覚えた。

私は相当頭に来て、同僚にこう返した。

「どういうこと？　直接話しましょうと連絡してください。メールでも電話でもいいです」

その後、同僚に対して技官からの返信はなかった。一体何だったのだろうか。

これまで私のツイッターではいろいろなことがあったが、外部から削除を求められたのは初めてのことだった。

そのころ、厚労省はかなりツイッターやテレビをチェックしていたようだ。厚労省がテレビ朝日の「モーニングショー」の内容にツイッターで反論する、ということもあった。

ただ、この政府や官僚が取り繕っていた感じと、その後の日本学術会議問題の政府・与党の対応とでは、質が変わってきたと感じている。日本学術会議の問題では、意図的にフェイクが流されているのではと感じたのだ。本章ではそのことを紹介したい。フェイクが一瞬にして拡散する社会で、私たちメディアにできることは何かを考えてみたい。

同時多発的に虚偽情報が拡散

菅氏が日本学術会議の推薦候補者を任命拒否したことが報じられたさなか、「日本学術会議の存在そのものが問題だ」と発言する人が次々に現れた。疑問点を論じることは当然としても、それが明らかに誤った情報であるとなれば看過できない。しかも発信したのが政治家や著名人、ジャーナリストなど、影響力の大きな人たちだったのだ。

10月5日、生放送の昼の情報番組「バイキングMORE」(フジテレビ系)で、同局の上席解説委員の平井《ひらい》文夫《ふみお》氏が次のように発言した。

「欧米はすべて民間。日本だけが税金でやっている。(中略)民営化して、自分たちで会費を払って提言すればいいんじゃないですか。だってこの人たち、6年ここで働いたら、その後は学士院というところへ行って、年間250万円の年金をもらえるんですよ。死ぬまで。だいたい。みなさんの税金から。そういうルールになっているんです」

スタジオは当然ながら「ええー!」という声があふれ、ネット空間にもまたたく間に拡散された。しかし、これは、多くの事実誤認が混じった発言だ。

まず、日本学術会議と日本学士院は、表記こそ似ているがまったく異なる機関だ。そもそも管轄が違う。日本学術会議は、政府へ政策提言を行う「学者の国会」として内閣府が管轄する。一方、日本学士院は学術上で大きな功績を残した「学者の殿堂」として文部科学省が管轄する。日本学術会議の任期は6年だが、日本学士院の任期は終身だ。また両者は選考方法がまったく異なっている。

これらのことは、ホームページを見れば書いてある。にもかかわらず、なぜ平井氏は、「日本学術会議の6年間の任期を務め終えれば日本学士院の会員になる」などと、明らかに間違った情報を話したのだろうか。

この発言内容については、その後国会内の部会でも取り上げられた。文科省職員、日本学術会議および日本学士院の関係者が出席し検証されている。そこで明らかになったのは、報酬額については、日本学術会議は年間約30万円、学士院は250万円であること、また双方の会員となっているのは現在、梶田隆章氏1人であることだ。

フジテレビの解説者が言ったのだから視聴者がその通りだと思うのは当たり前だ。日本学士院には視聴者からの苦情の電話が寄せられたという。

平井氏は翌日、朝の情報番組「とくダネ!」に出演し、「一部に誤解があった」と話したが、当の「バイキングMORE」には出演せず、進行役のアナウンサーが代わりに謝罪した。解説者という責任のある立場にいながら、とても不誠実に思えた。私は、フジテレビに取材を申し込んだ。

「平井氏の発言の根拠となった情報と、平井氏本人の見解を求めたい」

しかし、予想通りの残念な回答がきた。

「6日の番組でお伝えした通りであり、取材の過程についてはお答えしていません」

一連の流れを見ていると、平井氏の発言があまりにも不自然に思えてきた。記者としての基本を逸脱しているからだ。たとえば、私がなにかニュースになりそうな事柄をつかんだとき、原稿を書く前に関係者に取材する。いわゆる「当てる」という手法だ。少なくとも平井氏は、日本学士院にも日本学術会議にも当てていないだろう。当てていれば、間違いであることがわかったはずだ。

そう思うとどうしてもただの誤報とは思えなくなってくる。一度流れた情報は消せない。「謝罪」があったことを知らない人もいるだろう。

自民党の重鎮がフェイクをブログに掲載

同時期に、自民党の重鎮で、現在は税制調査会長を務める甘利明《あまりあきら》衆議院議員のブログが話題になった。もともとの書き込みは、任命拒否問題が持ち上がる2か月も前のことだ。

〈日本学術会議は防衛省予算を使った研究開発には参加を禁じていますが、中国の「外国人研究者ヘッドハンティングプラン」である「千人計画」には積極的に協力しています〉

（2020年8月6日）

この時点でなぜ、日本学術会議に言及しているのかも気になるところだ。ブログは書かれたときはそれほど注目されなかったのだが、10月2日夜になって一気に拡散された。まとめサイトにブログが引用されたことがきっかけだ。また30万人超のフォロワーをもつ当時内閣官房参与を務めていた高橋洋一《たかはしよういち》氏がこのブログをツイッターで紹介し、さらに広がっていった。

直後から、日本学術会議を「反日組織だ」と批判する書き込みが、SNS上に次々とあがった。

日本学術会議への批判が膨らみ続ける中、加藤官房長官は10月12日の記者会見で、学術会議と千人計画との関係を明確に否定した。

「多国間、2国間の枠組みを通じた学術交流を行っているが、中国の『千人計画』を支援する学術交流事業を行っているとは承知していない」

さかのぼること5月4日付けの読売新聞の記事では、甘利氏の発言として次のように書かれていた。

「学術会議は軍事研究につながるものは一切させないとしながら、民間技術を軍事技術に転用していく政策を明確に打ち出している中国と一緒に研究するのは学問の自由だと主張し、政府は干渉するなと言っている」

すでにこの時点で日本学術会議を中国との関係から問題視していたことがわかるが、読売新聞で書かれている内容について私が学術会議に取材すると、担当者は次のように反論した。

「日本に来たときにあいさつするなどの交流は行っているが、学術会議が共同研究を行うとの声明を出したり、共同研究を行うなどの事実はありません」

加藤氏の会見があった日、甘利氏のブログは「積極的に協力しています」の部分が「間接的に協力しているように映ります」へと修正された。

ブログで記していたことや修正した件について、私はすぐに甘利氏の事務所へ取材の電話を入れたが、秘書から素っ気ない言葉が返ってきただけだった。

「ブログで書き直している通りです」

こちらも平井氏の発言と同様、修正したとはいえ、一度流布された誤った情報はなかなか修正されない。

国民の税金、という大義

甘利氏のブログ拡散、平井氏の誤った解説に続き、さらに弁護士で元大阪府知事・市長の橋下徹《はしもととおる》氏は、10月6日にこんなつぶやきを投稿した。橋下氏は、265万人ものフォロワーを持ち、社会に与える影響力は非常に大きい。

「学者がよく口にするアメリカとイギリス。両国の学者団体には税金は投入されていないようだ。学問の自由や独立を叫ぶ前に、まずは金の面で自立しろ。年1500円ほどの会費で今の予算は確保できる」

ほかにも、自分たちは偉いと思い込んで国民からは支持されていない、組織形態は中国共産党そっくり、などと独自の視点で日本学術会議を批判した。

ツイートは瞬く間に拡散され、影響力の大きさが反映されるように、多くのコメントがついた。

賛同のコメントが多い中で、アメリカとイギリスの学者団体に税金は投入されていない、という部分に対して、事実誤認であるというコメントや、全米科学アカデミーの予算を調べて資料を引用するリプライも届くようになった。

橋下氏は6日後に、最初のツイートを引用して次のように投稿した。

「これは説明不足だった。アメリカやイギリスでは、日本のように税金で学者団体を丸抱えすることはないが、学者団体に仕事を発注して税金を投入する。日本の学術会議も同じく早く非政府組織となって政府から仕事を受ける団体になるべき」

先ほど紹介した国会内の部会でも、日本学術会議の年間予算が約10億円であるのに対し、全米科学アカデミーは約210億円でそのうち約8割が公費、英国王立協会は約97億円でそのうち約7割が公費であると説明している。

日本学術会議そのものの在り方がクローズアップされるにつれ、任命拒否問題の議論が覆い隠されるように感じた。私が気になったのは、平井氏と橋下氏がほぼ同じタイミングで、事実誤認の箇所がほぼ同じ情報を発信した点だ。

12月に入ると自民党は「日本学術会議の改革に向けた提言」を提出した。日本学術会議の任命拒否問題における唯一の焦点は、菅首相が推薦候補者6人の任命をなぜ拒否したのか、である。税金の額などではない。もちろん、税金の投入額が多すぎるというのであれば改善していくのは当然であり、しっかり議論すればいい。しかし、それと任命拒否の問題はまったく別だ。にもかかわらず、「国民の税金」という誰もが怒りを覚えやすい点を取り上げることで、問題点が巧みにすり替えられた。

私は平井氏と甘利氏に行ったのと同様に、橋下氏の事務所へも、最初のツイッターの投稿への根拠を問い合わせた。橋下氏のツイートをファクトチェックする記事を作りたかったのだ。なぜなら、他紙では平井氏や甘利氏の発言に関してはファクトチェック記事を作っていたのだが、なぜか橋下氏についてはスルーしていた。橋下氏の影響力を考えれば敬遠したくなる気持ちもわかることはわかるが、それでいいのだろうか。私は記者としてすべきことをしたい、と思っている。

社内で「橋下氏のファクトチェック記事を作りたい」と相談すると、東京新聞のデジタル編集部の鷲野《わしの》史彦《ふみひこ》デスクが「ぜひやろう」と応じてくれた。

東京新聞のウェブサイトで、10月15日の夜に掲載する準備を進めていった。しかし、これが予想外の事態を招いてしまった。

身に覚えのない出演依頼

橋下氏には6日のつぶやきの根拠を、14日夕方までに回答してほしい旨を問い合わせとともに伝えた。

回答期限の前日、橋下氏は突然、私の名前を用いてツイッターを投稿した。

「東京新聞　望月衣塑子様」

私からのインタビュー依頼書が事務所に届いたとし、私自身はまったく心当たりのない指摘をはじめた。

「過日、私が出演しているインターネット番組『NewsBar 橋下』(AbemaTV) より東京新聞広報宛に貴殿の出演依頼をしたところ無回答のままだと番組スタッフより聞いております」

「自分たちへの依頼に対しては無回答のまま、私には依頼するという姿勢はあまりにも不合理ではないでしょうか?」

同様の内容が私にメールでも送られて来た。ツイッターは橋下氏への賛同と私への批判で炎上状態だったらしい。しかし、私にはいくつも理解できない点があった。まず東京新聞には、広報担当がいない。編集局では、局次長が外部からの問い合わせなどに対する窓口を担っている。局次長に確認したが、記憶にないと言われた。出演依頼というのは何のことなのだろうか。

考えていたのだがまったく思い浮かばない。しばらくして、もしかして……と思い当たることが一つあった。

時期がいつだったのかは忘れてしまったが、映画『新聞記者』の宣伝担当の方から、こんな連絡をもらったことがあった。

「AbemaTVで『新聞記者』を取り上げたい、と言っている人がいますが、望月さん、どうですか」

番組名や対談相手について、映画の宣伝の方も知らなかった。詳細がわからないと返答できないので先方に聞いてほしいと伝えた。

その後、映画の宣伝の方から改めて連絡があった。

「何だか映画『新聞記者』に関する話をしっかり伝えよう、という感じのコンセプトではないみたいです。誰かと対談させてバトルさせるみたいな内容のようで、映画の宣伝にはなりそうにないのでお断りしておきますね」

「わかりました。よろしくお願いします」

番組名も対談相手もわからないままであり、映画の宣伝にならないのならやってもしょうがないので了解した。本当は違うかもしれないが、橋下氏の指摘に当たるのはこれぐらいしか思い浮かばない。

おそらく橋下氏は、映画の宣伝担当者を、東京新聞の広報と勘違いしていたのではないだろうか。もう一度、会社にも確認したが、東京新聞として出演依頼を受けていないという。私は、橋下氏側からメールが返信されてきた段階で、鷲野さんに報告した。その後、鷲野さんが今度は橋下氏の事務所へ問い合わせた。

「出演依頼の件、望月も心当たりがないと申しております。望月はさておき、東京新聞の質問に対してお答えいただければ幸いです」

橋下氏の事務所から返信がきた。しかし、こちらが問題視している最初のつぶやきの根拠への回答は一切なく、その理由として、「現在は一私人としての立場なので無償のインタビューには応じない」旨が記されていた。長々と書かれていたのは、AbemaTV の番組に関する件だ。それに対しキャップは、あくまでも記事を作ることに主眼を置き、使用する部分を抜粋した上で、「この部分を使用いたします」と橋下氏の事務所へ伝えた。

ただ、これに橋下氏は納得しなかったようだ。記事が出る前に5つのツイートを立て続けに投稿している。

「貴社の態度の問題点の指摘はバッサリ落とすという酷い編集です」私への出演依頼に関するツイートもあった。最後は「皆さんも東京新聞からの取材は無視した方がいいですよ」で締められた。鷲野さんもさすがに顔をしかめていた。

ツイートで記事をけん制したかったのかもしれないが、私たちは翌日、予定通り記事を掲載した。内容について、再び橋下氏から何か言われるかもしれないと予想していたが、反応はなかった。

言った者勝ちを放置しないのもメディアの仕事

このファクトチェック記事の閲覧数は、最終的に35万ビューに達し、私が直近で書いたもののなかではもっとも読まれた記事となった。その後、東京新聞の紙面にも掲載した。デジタル版では、橋下氏の記事の翌日、甘利氏についての記事も出し、こちらも多くの人に読んでもらった。

しかし、橋下氏の影響力の大きさを、身をもって痛感する出来事があった。

ジャーナリストの仕事に就きたい、と希望する大学生を対象としたセミナーに講師として招かれた際の質疑応答でのことだ。セミナーでは、新聞記者の仕事について話したのだが、一人の大学生がこう質問した。

「それはさておいて、望月さん、橋下さんからのインタビューを断ったのでしょうか」

私がその日、話したことへの質問や意見ではなく、橋下氏のことだった。一連の経緯を含めた事情を説明したが、むなしい思いが残った。言った者勝ちの世の中になっているのか……と思わずにはいられなかった。私への出演依頼はともかく、橋下氏のような影響力の大きい人物の発言については、必要なときはファクトチェックを重ね、事実誤認がある場合は、紙面やネット記事を使って正していくことが大切だと痛感した。

ファクトチェック記事には何重もの慎重さが求められる。取材時間もかかる。発信者と正面から向き合う覚悟も必要だ。だからこそ、これまで橋下氏に相対するメディアは極めて限られてきた。

とはいえ、これだけ情報の広がり方が急速であるのだから、たとえ時間がかかろうと、火の粉が飛んで来ようと、記事で情報の真偽を伝える必要性を感じた。メディアの仕事に、新たな項目が加わったとあらためて感じさせられた一件だった。

ネット空間の健全化

紹介してきたような意図的に見えるフェイク情報の拡散については、引き続き目を光らせていきたいが、個々人に対する誹謗中傷については、かつてに比べれば少し改善してきたように思う。

私がネット空間で激しい誹謗中傷を受けるようになったのは、2017年6月、菅官房長官の定例会見で質問をし始めて以降だ。一部のメディアで何度もネガティブなタイトルや文言とともに取り上げられた。質問の仕方や言葉遣いなどを取り上げて記事にする。私への揶《や》揄《ゆ》、というか中傷記事はアクセス数を稼げていたのか、エスカレートする一方だった。ネット空間では「反日左翼活動家」や「北朝鮮のスパイ」などと言われていたようだ。

私自身は、ツイッターはするが、リプライのコメント欄はほとんど見ない。ネットで自分を検索することもないので、荒れていることは周囲からいろいろと聞いて知るのだが、それでも会社の代表番号に殺害の予告電話がかかってきたときは信じられない思いだった。17年9月のことだ。ネット空間でうずまいていた憎悪が現実社会ににじみ出てきたようで、暗《あん》澹《たん》たる思いだった。

度を越した中傷の書き込みに対しては、「法的措置を取った方がいい」と助言してくれる知人も多くいた。そういうときはスクリーンショットをとり、記録してもらった。ほかにも個人的にお願いしている弁護士や知人にもたびたび、力を貸してもらっている。

知人や弁護士によれば、バッシングは会見に出始めた後から増え、ネットに私の記事がたびたび出るようになった17年9月以降、さらに増加した。その後も断続的に度を超えた中傷があったが、コロナ禍でかなり減ってきたそうだ。

その理由として考えられるのは二つだ。一つは、以前ほど政府寄りのメディアが私に関する記事を書かなくなったこと。会見で質問できていないため、ニュースとして取り上げられるような目立つ動きが見えにくいのかもしれない。それともアクセス数が稼げなくなったのか。

もう一つは、新型コロナウイルスの感染拡大だ。これまで社会問題や政治に関心が薄かった人も関心を持ってSNSに投稿するようになったのではないだろうか。かつてのネット空間は、極端な言説やヘイトをまき散らす、声の大きな人々が大勢を占めていたように思う。コロナ以降、相対的にそうした人たちの声が小さくなり、メディアリテラシーも高まったのではないか、と見ている。以前だったら見向きもされなかっただろう検察庁法の改正案という国会審議が、「#検察庁法改正案に抗議します」とツイッターで大きなうねりになったのは、それを象徴する出来事だった。

極端な発言をする言論人たち

安倍政権下では、安倍氏に非常に近い言論人が活況を極めた。民放のテレビに出て、安倍氏の広報官のように話す人、ＳＮＳで安倍氏を擁護するあまり、批判的なメディアを徹底して非難する人、本人に代わって政策の意図や思いを解説する人……菅氏が首相となり、その点では少し落ち着いたように思う。

最大の原因は、権力者ではなく、メディア側にあったと思う。権力者は意図をもってメディアに近づく。そこで一線を引ければいいが、メディア側も近づいてしまうことが問題だ。

私は以前、人材派遣会社ザ・アール創業者で、経済同友会幹事をしていた奥谷禮子《おくたにれいこ》さんと対談した。それを機に、様々な財界人や有識者、認定ＮＰＯ法人「Ｄ×Ｐ」の今井紀明《いまいのりあき》さんなど、若手の社会起業家を紹介していただくことが増えた。奥谷さんや紹介してもらった方々と会い、話を聞かせてもらうと、経営者も起業家も新聞記者も、最後は政治や社会をどうしていきたいのかという哲学がなければいけないと痛感する。

奥谷さんは「政治家は任侠《にんきょう》がなければだめだ」とよく繰り返す。任侠を辞書で引くと、義理や人情を重んじ、弱きを助け強きをくじき、そのために体を張る気質、とある。政治家だけではない。記者も含め、あらゆる仕事をする上で、任侠は不可欠だと思う。

そんな任侠道の大切さを私に説いてくれる奥谷さんに紹介していただき、先日、元首相の小泉純一郎《こいずみじゅんいちろう》氏にインタビューする機会を得た。小泉氏に政治家とメディアについて尋ねると、読売であっても朝日であっても「等距離外交がメディア対策の基本」と言っていた。小泉氏は、メディアは基本的に批判する側に立つもの、だから総理になって特定のメディアと懇意にしたり、逆に拒否したりしてはならないと認識していた。

かつ、小泉氏はそこでメディアを敵に回すのではなく、朝夕ぶら下がり会見を行い、その様子がテレビに映ることで支持率を高めていった。ある種の才覚であり、稀有《けう》な例だろう。

小泉氏だけではなく、歴代の首相は、批判することがメディアの役割と割り切り、一定の距離を置いていたという。元朝日新聞の政治部記者、鮫島浩《さめじまひろし》さんからこんな話をうかがった。

「私が見てきた自民党政権の政治家たちというのは、メディアに対する許容力があった。良くも悪くも批判を受けて立ちましょうという感じでした。今の石破さんのような感じです。いろいろ批判されても無視することはなく、まず批判に耳を傾けていました」

一方で安倍氏は、自身を批判する勢力を敵とみなし、たとえば朝日新聞のことは国会で何度も名指しで取り上げて「ファクトチェックしてください」などと発言した。マス・メディアに対する不信感、左翼やリベラルなメディアに歴史を修正され、自虐史観が煽《あお》られてきたと思う人たちから、安倍氏の物言いは、なぜか一定の支持を得ていた。

一部の熱狂的な支持層に乗り、メディアとの等距離外交もすっ飛ばした。朝日新聞の南彰記者の著書『政治部不信』(朝日新書、20年)によると、在任中の単独インタビューの数は、産経新聞(夕刊フジ含む)32回に対し、朝日新聞は3回だという。

かつてはそういったことを政治家側もしなかったから、メディアもすり寄ることはなかった。安倍氏に気に入られたいというメディアはどんどん近づいていき、安倍氏を批判するメディアを、なぜか産経新聞が批判するという構図になった。産経はネットにいち早く流し、世間では私も含め、「反日認定」「北朝鮮スパイ」などと認定されてしまう。異様な空間がネット上だけではなく、雑誌や新聞といった言論の世界でも広がってしまった。

しかし今、SNSやネット空間を見ていると、かつてのように極端な言説を叫ぶ人は引き続きいるのだが、菅氏の長男である菅正剛《せいごう》氏の接待問題やオリンピックの開催についても、やっぱりおかしいものはおかしいという声が主流になっていると感じている。だいぶ正常化したのではないだろうか。

それは、安倍氏が辞任する流れにもつながったのかもしれない。突然の休校要請やアベノマスクなど、首をかしげる政策が次々と打ち出されて、一方で日々多くの方が感染症で命を落としていく。危機管理を掲げていたのに実際はこうなのか、という批判が噴出していた。安倍氏を応援していた支持者の中にも解雇されたり、店を閉店せざるを得なくなった方もいるだろう。そういう怒りもあったのかもしれない。

政権が近づいてきただけではなく、メディア側が政権に気に入られたいと忖度《そんたく》していった。それがメディアの畏縮《いしゅく》を生んだ。ビジネスという点で言えば、安倍氏の発信を好意的に扱うことによって一部の支持層には読まれる。ビジネスとしてもかなり回った。

こたつ記事

新型コロナウイルスで思うように取材ができない中、「こたつ記事」のことも気になった。こたつ記事、というのはこたつにいても書ける記事、という意味で、たとえばテレビのワイドショーに出たタレントのコメントや、ツイッターやブログを引用して書かれた、「○○さんがワイドショーの○○番組でこう言っていた」というようなものだ。

このような記事の作り方が増えていくこと自体は、やむを得ないのかもしれない。実際、そのタイミングでテレビを見ていなかった人には重宝されるだろう。とはいえ、報道機関であるのだから、最低限のファクトチェックは必要だろう。発信した人の発言やツイートの内容が事実と違っていたにもかかわらず、ファクトチェックしなかったため、間違った情報が拡散してしまうことがあるからだ。

デジタル配信の担当記者には、とにかくスピードが求められるゆえ、ファクトチェックも限界があるというやむを得ない事情があるのは理解できる。東京新聞にもデジタル編集部があるが、多くの人に読んでもらうために、タイミングを逃さずに何よりも早くアップすることが基本的に求められている。

ただ取材している私から見ると、本人にも聞かないままに作られた記事などは、丁寧さが足りないとも感じる。批判的な記事を書く場合は、デジタルであっても、やはり相手の言い分をそれなりに聞いてから、記事にする必要があると思う。

先ほど紹介した甘利氏のブログも、「甘利氏のブログでこう書かれている」と、そのまま記事にしては問題だろう。甘利氏がこういうことを書いているが、事実はどうかという分析と、それに対する甘利氏への取材がやはり必要だと思う。こたつ記事でそのまま載せるだけでは、読者は「日本学術会議が中国の計画に加担しているのか！」と読むだけである。それは取材した結果としての記事とは言えない。

新聞社も動画を発信

ネットとのかかわりで言えば、私の取材手法に小さな転機があった。動画撮影に挑戦したのだ。

東京新聞のウェブサイトや、政治部や社会部などセクションごとにもっているツイッターのアカウントで、タイトルなどに添えて【動画あり】という文言が添えられている記事がある。記事で見られる動画のほぼすべてが、現場へ出ている記者がぶら下がり取材や記者会見などで自ら撮影したものだ。

これまで私たち記者は、写真が必要なときは、必ずカメラマンとセットで動いてきた。たとえば大きな事件事故が起きたときなどは、記者は取材に集中し、カメラマンはその事件を象徴する一枚をとるべくチャンスを狙う。

写真はともかく、動画撮影の経験は、仕事においてはまったくなかったが、私も学術会議の任命拒否問題を取材するようになってから、動画を撮影することが増えた。もちろん、どこでも撮影できるわけではない。たとえば国会内は、放送記者会に特別に許可されたメディアしかカメラを回せない。

私が撮影を始めたのが、2025年国際博覧会担当大臣および内閣府特命担当大臣の井上信治氏への取材のときだ。井上氏は日本学術会議についての担当大臣でもある。

井上氏のことを少し紹介すると、実家は都内にあり、医院を開業しているという。高校の卒業文集には「みんなを喜ばすことができる政治家になりたい」と記しており、そのとおり、東京大学文科一類から建設省をへて政界入りしている。

井上氏を取材するのは初めてだったが、政府や自民党、日本学術会議の板挟みになって困惑している様子が伝わってきた。就任直後に表面化した任命拒否問題で、思いがけず矢面に立たざるをえなくなった。

近くで取材すると、こちらの質問に対して困った顔をしながらも自分の言葉で返してくれる。私がしつこく食い下がって聞いても、真摯《しんし》に答えようとしてくれる。政権のほかの政治家たちのような木で鼻をくくった対応や横柄な態度を見せることもない。穏やかで実直な人柄を感じさせた。

ある自民党議員は、「すごく真面目な人間なんだけど、菅さんにひと言ぐらい言うパンチ力がほしい」と言っていた。

実際、20年末に自民党のプロジェクトチームが、日本学術会議の組織変更を求める提言を井上氏に提出したとき、なにかリーダーシップを発揮したかといえば疑問符を付けざるを得ない。

この提言は、日本学術会議の民営化を視野に入れた内容だった。井上氏は、その提言を日本学術会議に渡した。それを受けて学術会議は、組織の設置形態の検討には5つの要件が大前提だ、とまとめて井上氏へ提出した。

言い方は良くないかもしれないが、右から左へ、左から右へと橋渡ししただけのように見えてしまった。たとえば、直属の有識者会議を立ち上げて率直な議論を促したりしてもよかったのではないだろうか。

その井上氏への取材では、他省庁同様、記者による動画撮影ができるようになっている。私は井上氏の記者会見やぶら下がり取材は、ほとんど動画に収めてきた。

動画撮影をやってみようと思ったのは、20年8月に公開されたドキュメンタリー映画「はりぼて」を観たことも大きい。

政務活動費の不正使用問題をめぐり、富山県のチューリップテレビの記者たちと地元の市会議員らの攻防が描かれたドキュメンタリーだ。もともとはテレビで放送されたものが3年の追加取材をへて映画化された。そこでは、市長や市議会議員といった取材対象者だけではなく、質問している記者も常に撮影されていた。

どこの社に所属する記者が、どんなことを聞いているのか？　私には新鮮で斬新《ざんしん》に感じられた。内容にもとても感銘を受けて、映画を観終えるとすぐ、監督の五百旗頭《いおきべ》幸男《ゆきお》さんに取材を申し込んだ。五百旗頭さんは、チューリップテレビの元キャスターで、20年4月からは石川テレビに移籍して、取材や制作を続けている。

五百旗頭さんは表現者として重視していることとして、(1)現状にならされない　(2)些細な違和感を受け流さない　(3)多様な視点を提示する　の3点を挙げていた。ディレクター、記者、映像表現者として常に覚悟をもって取材・編集に臨んでいることが伝わってきた。「取材相手にどんなに近づいても、その取材相手と一体になってはダメ」とあくまでも距離を置いた付き合い方を続けている。

取材現場が一般の人の目に触れることはむしろ稀《まれ》だ。首相、官房長官、大臣の会見がテレビやネットで流れることもあるが、編集されていることがほとんどで、記者の質問が省かれて回答する様子だけが映ることも多い。

現場の記者にとっては日常茶飯事の光景でも、一般の人には新鮮かもしれない。それに動画は圧倒的に情報量が多い。井上氏がどんな表情で話しているのか、どの質問にどんな間で答えるのか、言葉だけでは伝わらないことも伝えてくれる。

カメラを向けることで生まれる緊張感

前述したように、東京新聞の編集局内にもデジタル編集部ができた。デジタル版の担当者からは、ずっと「面白そうな場面があれば、動画を撮ってきてください」と言われていた。それまではあまり意識することはなかったが、取材の現場の1シーン1シーンを見ながら、「これは読者や視聴者に見られるものになるかもしれないな」などと考えながらビデオカメラを回すようになった。

取材先で撮影を終えると、デジタル編集部のデスクにデータを送り、編集してもらっていたが、編集できる人が限られるため、次第にそのデスクに仕事が殺到するようになってしまった。なので、現在は、パソコンに入っている簡単なソフトを使って、自分で文字を付けたりして編集し、アップしてもらうようにしている。編集した動画を受け取ったデジタル編集部はウェブやツイッターだけでなく、動画投稿サイトのユーチューブ内に設けられている、公式の東京新聞チャンネル上でも公開する。

私は、取材でテレビ報道のカメラの方々が、4Kビデオを回しているのを見てから、それほど高くない4Kのビデオカメラを購入し、画素数を少し落とした形で録画している。長い動画はあまり見られないらしく、最近は何でも撮って流せばいいというわけではないことも見えてきた。やはりインパクトのある言葉ややりとりをピックアップし、「切り取る」作業も必要だということもわかってきた。

結局、記事と似ている。数多《あまた》ある情報を動画で撮りながらも、どこにフォーカスして読者や視聴者に伝えるかが重要なのだ。

最初のころの撮影は、やっぱり慣れなかった。入社以来、取材のときに手にしているのはノートとボールペンだけ、ときどきICレコーダーだった。ビデオカメラを手で持つときは、必然的にメモ取りはできなくなる。

取材相手の回答については、撮影した動画を書き起こせばいいが、私は普段、質問したい内容をノートに記しているので、両手がふさがっているとノートが開けない。やむをえず、事前に暗記するように努めた。

両手で撮っていても、最初のころは手振れがひどく、恥ずかしいくらいだった。自撮り棒の安定感には限界があり、いまはできる限り三脚を使うようにしている。

一昨年、森達也《もりたつや》監督に10か月間取材してもらい、「i――新聞記者ドキュメント――」というドキュメンタリー映画ができた。撮られる側だった自分の経験でいえば、やはりカメラを向けられていると、記者の側にも一定の緊張感が生まれる。カメラを回すことで、ペンだけのときとは違った緊張関係を取材する側も築ける。他社の記者がどんな質問をどう聞いているのかを記録として残すという意味でも大切だと感じる。

当事者しか撮れない動画は、メディアの在りよう、大臣ら権力者側の答弁に注目している読者にも歓迎される。資料などで膨れ上がっていたキャリーバッグの中身に、三脚やビデオカメラが加わった。これからも、新聞記者だからこそ取れる場面を押さえていけたらと思う。

第五章　ジェンダーという視点

新聞社の男女のバランス

世界経済フォーラムという国際機関が毎年公表するジェンダーギャップ指数の2021年版で、日本は調査対象となった156ヵ国中で120位だった。この指数は経済、政治、教育、医療の4分野で各国の男女格差を分析する。

日本社会を見回せば、あちこちに男女格差が噴出している。給与所得の平均は男性540万円に対し、女性296万円だ（国税庁、19年）。働く人のうち非正規社員が占める割合は、男性は22・1％、女性は54・4％（総務省統計局、20年）。管理職に占める女性の割合はわずかに14・8％だ（内閣府調査、19年）。政府は03年に、「2020年までに指導的地位の女性割合30％」と掲げていたのだが。

聖マリアンナ医科大学や東京医科大学など、10校で行われていた入試での点数操作による女性差別には衝撃を受けた。公平であるべき入学試験でありながら、20歳前後の若者たちがすでに性差別に晒《さら》されているのだ。なお、文科省の不正入試の指摘に対し、聖マリアンナ医科大学だけは今も事実を認めていない。

政治の世界も同様だ。国会議員に占める女性の割合は、衆議院10・1％（47人）、参議院20・7％（50人）（18年）だ。内閣の男女の割合もそれを反映している。たとえば20年9月に発足した菅内閣では21名の閣僚中、女性は法務大臣の上川陽子氏、五輪大臣の橋本聖子《はしもとせいこ》氏の

2名だった。先に述べたジェンダーギャップでは、政治の指数で、日本は147位と世界のワースト10に入ってしまった。

選択的夫婦別姓も今なお実現しない。法務省が、「同姓を義務付けているのは日本だけ」と認めているほど稀有《けう》な法律であり、国連から再三、差別的であると指摘され、是正勧告を受けているにもかかわらず、自民党の一部議員たちの強い抵抗で進展しない。法律上は、夫と妻、どちらが名字を変えても構わないが、実際には姓を変える96%が女性だ。

私自身は新聞記者として働いている中で、あまり性別による格差を感じてこなかった。活躍している女性の同僚、先輩も多くいて、その点では特に不満はなかった。むしろ警察取材などでは、幹部がみな揃いもそろって男性ばかりだったので、男性記者よりも少数派の女性記者は、かわいがられやすいようにも思う。同じことをしていても女性の方がネタを取るという意味では有利に働いているようにも感じた。しかし、一方でやはりそれは、ある種の女性特有のやりづらさとも表裏一体だったのかもしれない。

20年9月に行われた自民党総裁選に先立ち、3名の立候補者が一堂に会する立候補者討論会があった。そこで、男女格差に関する質問が記者から上がると、総裁選に立候補していた一人、石破茂《いしばしげる》氏が逆にメディアへこう問いかけた。

「お見受けする限り、司会の小栗さんを除いて質問者、みんな男性ですよね。これは一体なぜなんだろう。つまりなにもあげつらっているわけではなくて、どうしてこういうことになるんだろうかということをちゃんと認識をしているだろうか。自分も含めてですね。一つ一つ考えていく必要があります」

日本記者クラブで開催されたこの討論会には、各社の編集委員やベテラン記者が集まっていた。そう言われてみれば、編集委員も記者も、ベテランになるほど男性の占める割合が高い。なお編集委員というのは記者のポストの一つで、経験と専門性を持つ記者が就任する。

中日《ちゅうにち》新聞東京本社が発行している東京新聞に関していえば、新入社員は、私の時代でこそ女性は3割だったが、現在では半々で男女の偏りは見られない。一方で、局長や局次長、部長やデスクなどの編集幹部は軒並み男性が占めている。女性の取締役は、17年にようやく中日新聞の文化部長などを歴任した林寛子《はやしひろこ》氏が就任したのが初めてだ。朝日新聞や毎日新聞などと比べても、編集幹部の女性比率は極めて低い。

よくよく見てみれば、新聞社やテレビ局など、メディアは典型的な男性優位社会であることに驚かされる。社長は新聞もテレビもすべて男性だし、役員にも女性の名前は数えるほどだ。新聞社では、朝日新聞は数名の女性が役員に名前を連ねているが、読売新聞は1人、毎日新聞・日本経済新聞・産経新聞はゼロだ。

しかし、社会を見ると男女平等に対する意識の高まりは、日に日に特に若い人を中心に高まっている。そんな社会の意識の変化を実感する出来事があった。森喜朗《もりよしろう》氏による発言である。

森氏発言後の大きな広がり

21年2月3日に行われた日本オリンピック委員会（JOC）の臨時評議員会で、東京オリンピック・パラリンピック大会組織委員会の森喜朗会長がこう発言した。

「女性理事を選ぶっていうのは、文科省がうるさく言うんです。だけど、女性がたくさん入っている理事会は、時間がかかる」

JOCはスポーツ庁（文科省が管轄）が定めた競技団体の運営指針に沿い、25人の理事のうち女性を4割にする目標を掲げていた。森氏が発言した当時の女性理事は5人であり、目標には遠かった。

実はこのとき、翌日に発売される「週刊文春」が、東北新社の役員らによる違法接待を報じることがわかっていた。接待の相手は、監督官庁である総務省のそうそうたるエリート幹部職員だという。東北新社は映画の製作や配給のほか、衛星放送事業などを行う映像プロダクションだ。同社メディア事業部の統轄部長を務めていたのは菅首相の長男、正剛氏であり、正剛氏も接待に同席していたという特大スクープだった。

正直に言うと、私はこの菅氏の長男の接待問題に非常に心惹《ひ》かれた。お金と権力の癒着というテーマは、これまでに何度も取り組んできており、記者として探究しがいもある。文春砲は第2弾、第3弾と続くだろうし、場合によっては政権を揺るがすほどに展開するかもしれない。

しかし、当日、会社に上がると、社会部デスクたちが森発言で沸き立っていた。あるデスクから指示が来た。

「明日、大会組織委事務局に取材に行ってくれるか」

私は思わず、

「あの、自分としては明日文春に出る、菅正剛氏の接待問題をやりたいんですが……」

おそるおそる話すと、そのデスクは私に、

「何を言ってんだ。いま世の中の関心は、正剛よりも森だよ。明日はまず大会組織委に五輪担当と話して手分けして行ってくれ」

男性デスクたちが、一面頭、社会面と森発言を展開する紙面作りを話しあっていた。私は4年前のことを思い出した。ジャーナリストの伊藤詩織さんが、準強姦《ごうかん》事件で検察審査会に不起訴不当の訴えを起こしたとき、男性デスクや幹部は見出し1段という記事にした。あまりの扱いの小ささに私は思い切り抗議したことがある。当時と今回の男性デスク陣の雲泥の差の反応に驚いた。

帰宅したときにもちょっとした驚きがあった。実は、東北新社の違法接待問題について、まだ心を惹かれていたので夫に「長男の正剛氏の問題も面白そうで、そっちを追いかけたいんだよね」と何気なくつぶやくと、すかさず夫が返答した。

「いや、今回は森問題でしょう。これだけの立場の人間がここまで言ってしまえば、謝罪や撤回だけではもはや済まされない。辞任しなければ、国内の世論だけではなく、海外に対しても絶対にもたないと思う」

そして実際、夫が指摘した通りになった。世界からも次々に批判の声が届き、日本国内の女性だけが声を上げている状況ではなくなった。

日本女性の声の高さ

森会長の発言を一面トップで報じたのは東京新聞だけだった。大見出しで「森氏が蔑視発言」と、サブ見出しで「女性理事入ると時間かかる」と報じた。菅沼堅吾《すがぬまけんご》東京本社代表の判断で一面トップにしたと後日聞いた。

一方、朝日新聞や毎日新聞、読売新聞、日本経済新聞は中面での扱いだった。それほど大きなニュースではないと判断したのだろうか。

SNSには抗議があふれ、テレビでも、ネットの怒りの渦に巻き込まれるかのように繰り返し森氏の映像が流された。ツイッターでは一夜明けた4日午前に「#わきまえない女」がトレンドで1位になった。

「わきまえない女」というのは、森氏の発言の中で、組織委員会の女性理事を称《たた》えた言葉から取ったものだ。

「私どもの組織委員会に女性は7人ぐらいおられますが、みんなわきまえておられます。みんな競技団体のご出身で、国際的に大きな場所を踏んでおられる方々ばかりです。ですからお話もシュッとして、的を射たものが集約されて我々は非常に役立っています」

海外メディアは森氏が発言した当日から、積極的にニュースを配信した。ニューヨーク・タイムズは「東京オリンピックの会長が、会議での女性の制限を示唆」という見出しとともに、一年延期による追加の経費や国内世論の反発、森氏の辞任を求める声がSNSで広がっていることを報じた。

「最大のニュースは、記者が出席した公式の場での発言で、かつ、誰もその差別を止めなかったということだ」といったツイッターの投稿も紹介し、森氏だけでなく、参加していた51人（うち女性は1人だけ）のJOCの男性評議員のほとんどが、森氏の話に爆笑していたことも強く批判していた。問題は森氏だけにあるのではないということだ。

国際オリンピック委員会（IOC）委員を務めるヘイリー・ウィッケンハイザー氏は、ワシントン・ポストの森氏の蔑視《べっし》発言の記事を引用し、ツイッターでこうつぶやいた。

「間違いなく朝食ビュッフェでこの男を追い詰めるつもり。東京で会いましょう！」

欧州連合（EU）のナタリー・ロワゾー欧州議会議員もツイッターで森氏に対し、こう批判した。

「あなたには（仏語で）2語で十分。お黙りなさい」

失礼な発言に黙っていてはいけないのだ。海外の女性たちの怒りを実感した。

東京EU代表部や加盟国大使館は、ツイッターに「沈黙しないで」と男女平等を訴える投稿をし、賛同の輪が瞬く間に広がった。投稿は森氏の発言に直接言及をしていないが、職員が手を挙げる画像が添えられ、森氏の「誰かが手を挙げるとみんな発言したがる」との言葉を暗に批判しているように見えた。

大使館のツイッターは、ドイツ大使館のイナ・レーペル大使が、最初にツイッターで批判を始めたとみられ、投稿には「#dontbesilent（沈黙しないで）」「＃男女平等」などのハッシュタグがついていた。その後、フィンランドやスウェーデン、アイルランド、スペインなど欧州各国の大使館に波及していったようだ。

その間、森氏は辞意をもらしたとも一部で報じられたが、大会組織委員会の武藤敏郎《むとうとしろう》事務総長などの側近が慰留し、翻意したという。2月4日の会見で発言を謝罪し、撤回するとした。

「発言を撤回したい。不愉快な思いをされた皆さんにお詫《わ》びしたい。（中略）皆さんの仕事に支障があってはいけない。辞任の考えはない。私は一生懸命、献身的にお手伝いしてきた。皆さんから邪魔だと言われれば、老害が粗大ゴミになったのかもしれないから、掃いてもらえればいい。（中略）山下泰裕《やましたやすひろ》さんのときは、JOC理事会の理事をかなり削り、女性枠を増やさないといけないので苦労したと話していた。理事の中でも反対があり大変だったのを何とかこぎ着けたという苦労話を聞いた」

謝罪会見と銘打って開いたものの、発言をネットで聞いていると前日の「女性の会議は時間がかかる」の理由をさらに肉付けしたいかのようにしか聞こえず、真っ赤な五輪のマークが入ったストライプ柄のネクタイ姿を見ても、謝罪撤回をしたいために会見を開いたようには見えなかった。また、質問をした記者に対して声を荒らげるような場面もあった。

森氏の謝罪会見の直後から批判の矛先は森氏にとどまらず、辞任を求めなかった政府や大会組織委員会にも波及していった。

2月4日の謝罪会見後、IOCの広報担当者は「森会長は謝罪した。この問題は終了だ」

とコメントを出したが、批判は収まらず、5日後の2月9日、IOCはようやく「森会長の発言は、極めて不適切でIOCが取り組む改革や決意と矛盾する」との声明を発表した。この間、怒ったボランティアが次々に辞退、2月10日までに約500人、13日までに約900人の辞退者が現れ、聖火リレー走者も4人が辞退した。

また、全豪オープンで優勝を果たした大坂《おおさか》なおみ選手も次のようにツイートした。

「森氏の発言は、全く無知な発言だ。森氏は、話す内容にまず知識を持つ必要がある。発言に到った理由も聞きたいし、（森氏の）周囲の人々の見解も聞きたい」

オリンピックの放映権を持つ米テレビ局NBCは、ホームページ上に以下の声明を掲げた。

「森氏が性差別発言で、大坂なおみ選手や他の人々から現在、非難を受けている。彼は去らなければならない。（中略）過去に溜《た》まってきたものがあり、それを支払うべき時がやってきた。森氏にとって退任すべき時はもう過ぎている」

この声明が最終的に森氏辞任への引導になったとされる。

この最中、インターネット上の動画配信「Choose Life Project」で、6日夜に行われたユーチューブでのライブ配信にゲストとして招かれた。25人の女性たちがリレー方式で今回の件や日本の現状について語っていく構成だった。

大きな共感を呼んだのはフリーランスライターの小川《おがわ》たまかさんの問いかけだった。小川さんは、日本人の女性の心のなかに、無意識のうちに「わきまえてしまう癖がついているのではないでしょうか」と指摘。そうした日本社会の歴史が結果としてよかったのかどうかを、あらためて私たち女性が考えなければいけないと問いかけた。

その発言を聞きながら、私は思い出したことがあった。音声が人間の心身に与える影響を研究する音楽・音声ジャーナリストの山崎広子《やまざきひろこ》さんの関係者から聞いた話だ。山崎さんによれば、日本人女性の声質は外国人女性と比べて無意識のうちに高くなっているのだという。ある種、「媚《こ》びる」ような声になるのは、日本社会に長く根づいてきたジェンダーギャップを、女性が無意識のうちに感じ取っていることが背景にあるのではないか、と話していたという。

これを私がNYで働く女性たちに伝えると、あるジャズ・ピアニストはこう話してくれた。
「NYに行った最初の時、『なぜ、あなたはそんな高い声で話すんだ』とよく周りに言われました。知らず知らずのうちに日本にいると高い声で話す癖がついていたのだと思う。何年も住むようになり、声は低くなり高い声で話さなくなりました」

男女平等後進国の日本で、知らず知らずのうちにわきまえてしまってきた私も含めた女性たちの意識の表出が、意図せずに高くなっている声なのかもしれない。山崎さんの考察は強い説得力を持っていると感じた。

会長は川淵氏から橋本氏へ

結局、森氏は発言から9日後に辞意を表明した。世界中からの非難の声が止まないことから、組織委員会も政府も決断したのだろう。その前日から一部報道などで、森氏が辞意を固めたことと同時に、後任として森氏がと昵懇の川淵三郎《かわぶちさぶろう》元日本サッカー協会会長の名前が報じられた。東京新聞の編集局内でも「森さんがやめて川淵さんになって一件落着」という雰囲気が共有されていた。

川淵氏は、Jリーグの初代チェアマンや日本バスケットボール協会（JBA）会長などを歴任してきたスポーツ界の重鎮で、84歳と森氏より年上だ。今回の森発言に対して組織委全体はどう考えているのか？　そういったことがまったく見えない中で、後任を問題発言の森氏本人が勝手に指名するというのはどういう意味をもつのか。

私は大会組織委事務局のある会場へ、川淵氏の囲み取材に向かった。取材してみると、川淵氏は正直で裏表がないのか、こちらが次々と質問を突っ込むときちんと答えてくれる。サービス精神が旺盛《おうせい》で、憎めない人柄だと感じた。ただ、不祥事で辞任する森氏から密室で禅譲され、正式に会長と認められる前から森氏を相談役に迎えたいとも言っていた。それでは沸騰した世界世論は納得しないのではないか。

その後、大会組織委会長は、検討委員会が推薦し理事会が選任するというルールがあり、森氏がやったことは、そのルールからまったく逸脱した行為だったことが判明する。報道を見て焦った武藤事務総長が翌日の昼過ぎから、何度も森氏と川淵氏に電話を入れて説得し、最終的に2月11日の夜11時ごろ、川淵氏はこう述べたという。

「わかりました。就任を求められても辞退します」

川淵氏はすでに就任していた選手村村長に専念する意向を示し、最終的には橋本聖子氏が会長に就任した。

橋本聖子氏の会長就任に見える思惑

橋本聖子会長の就任には、次の衆院選でどう動いてくるかわからない小池百合子都知事を警戒して、菅氏が強く後押しをしたとも聞いた。そもそも五輪は政治的中立が掲げられている。組織委会長もその点から考えて、党派色がない人の方がいいという意見が根強かった。森氏が会長に就任したときも自民党の元総裁という立場だった人を会長職に就けるのは「政治的中立」という、五輪の理念とは相容《あいい》れないという批判が組織委内でもあった。

なので、森氏の後任候補には、橋本氏以外にもDeNAの南場《なんば》智子《ともこ》会長や日本バスケットボール協会会長の三屋裕子《みつやゆうこ》氏の名前も出ていたと聞く。

森氏発言が出た後の2月10日、小池知事は、2月17日に予定されていた五輪開催に向けたIOC、組織委、政府、東京都との4者協議への参加について記者団に次のように語り、公然と森氏発言を批判した。

「今ここで4者会議をしてもあまりポジティブな発信にはならないんじゃないかと思うので、私は出席することはないと思う」

森氏を批判する小池氏の台頭を懸念する菅氏にとって、新たな組織委トップは、できるだけ自民党色が強く、小池氏に対峙《たいじ》できるような人物が望ましい。そんな思惑も手伝い、財界やスポーツ界からの女性ではなく、自民党色の強い橋本氏に白羽の矢が立てられたようだ。

ラグビー協会、突然の女性理事の辞任

私はこれまでスポーツの取材はほとんどしたことがなかったので、スポーツ界における男女のバランスや格差について把握できていなかったが、今回の森氏の発言を機にJOC関係者、運動部記者などに話を聞くと、相当な男性優位ということが見えてきた。

たとえば、森氏の問題発言があったJOCの評議員会では、62人を数える評議員のなかで女性はわずか1人。森氏の発言が出たとき、ズームで参加していた唯一の女性の日本セーリ

ング連盟副会長の中川千鶴子《なかがわちづこ》氏は、森氏だけでなく発言に大笑いしながら相槌《あいづち》を打っていた周囲の男性評議員たちの空気にも凍りついてしまったと聞く。

私がＪＯＣの関係者に取材したところ、中川氏は、ＪＯＣの女性評議員の数を増やそうと、ほかの競技団体などにもこれまでいろいろと働きかけてきたようだが、男尊女卑の空気が強いのか、女性の評議員はなってもすぐ辞めてしまうということが続いたという。ＪＯＣの中でも森氏発言を受け、男女平等をさらに進める声明を出そうとしたところがいくつかあったようだが、上層部の反対で最終的には、どこもお蔵入りになったそうだ。その理由を聞けばあきれるしかなかった。

「他の競技団体も皆で行動をともにするのならばいいが、うちだけが目立ってしまえば、狙い撃ちにされてしまう」

日本ラグビーフットボール協会もその点で、深刻な状況のように見える。

長年、日本ラグビーフットボール協会の会長・名誉会長を歴任してきた森氏は「女性の会議は時間がかかる」という発言をした際、このようにも言っていた。

「これもウチの恥を言いますが、ラグビー協会は今までの倍時間がかかる」

名前は言わなかったが、同協会理事の女性は６人で、法学者の谷口真由美《たにぐちまゆみ》氏と読売新聞の元記者で昭和《しょうわ》女子大特命教授の稲澤裕子《いなざわゆうこ》氏らがいた。このうち、森氏がラグビー協会会長のときに女性の理事だったのは、稲澤氏だけだ。稲澤氏はメディアの取材に対し、こう語っている。

「私のことだと思った。自分のもともとの仕事が新聞記者だったこともあり、理事会ではささいな疑問も遠慮せず質問した。会議の場では矢継ぎ早に問いを投げかけ、森氏に制止されたこともあった」

稲澤氏は、しかし会議が長引くのを女性と結び付けた森氏の発言は「正しくない」ともいい「女性かどうかではなく、議論しなければならないことは時間がかかる。活発に議論することは必要だ」と答えていた。

公の場で特定の人を揶揄《やゆ》した森氏のいじめのようなやり方にも私は怒りを覚えた。

ラグビー協会などが取り組んでいる改革については少し不可解なことがあった。

ラグビーのプロリーグは現在、16チームによる「トップリーグ」だが、2022年1月にトップリーグを解消した新リーグが始まる。1部が12チーム、2部と3部が各6チームで編成される。このリーグ編成を行うため審査委員会が創設され、その委員長を前出の谷口真由美氏が任されていた。なお、審査委員会は厳格性が求められているため、メンバーがだれであるかはもとより、何人いるのかも明らかにされていない。

谷口氏は、父親が近鉄《きんてつ》ラグビー部の元選手およびコーチで、花園《はなぞの》ラグビー場内の寮で幼少期を過ごしたこともあって、スポーツやラグビーに縁が深い。テレビのコメンテーターなどでも活躍していたが、ラグビー協会の理事となり、新リーグへ向けて法人準備室長と審査委員長を兼務することになった。そのためメディア出演などを控えて、新リーグの立ち上げに腐心してきた。

谷口氏ら審査委員会は、新しいリーグを立ち上げるのに、成績だけではなく、どうしたらファンのすそ野を広げられるのか、どうしたら持続可能なリーグになるのかなど、多角的な点から採点を行ったという。審査委員会による3部の決定を、ラグビー協会会長の森重隆《もりしげたか》会長が承認するはずだった。

しかし、この審査委員会によるチーム分けに対して、トップリーグに所属するチームの一部が不満を募らせていたようだ。

審査委員会から提出されたチーム分けを受け取った森重隆氏は突然、自身の「諮問委員会」なるものを立ち上げる。その結果、審査委員会の評価では2部にいたチームが、1部にいたチームと入れ替わったという。

トップリーグは16チームであり、新リーグの1部は12チームなので、少なくとも4チームは1部に入れないことはわかっていたはずだ。これまでのしがらみをなくして、名実ともに新しいリーグにするために、谷口氏に白羽の矢を立てたのではなかったのか。

谷口氏自身は、21年2月に法人準備室長を退任し、6月にはラグビー協会の全役職を降ろされた。谷口氏が描いていたリーグはどんなリーグだったのだろう。形にならないままに退任してしまったことはとても残念だと思う。森喜朗氏の発言を思い出すと、谷口氏が協会内でどんな様子だったのかを想像してしまう。

揺れ動く自民党

政治の世界にも目を向けてみたい。

自民党内において、女性から見て急速に存在感を増しているのが、稲田《いなだ》朋美《ともみ》氏ではないだろうか。稲田氏は、党内でも保守的な一人であり、安倍氏の庇護《ひご》の下で選択的夫婦別姓制度の改正にも一貫して反対してきた。しかし20年2月、「少子化が進む中で、家名を継ぐために、別姓を認めてほしいという人も出てきている。タブー視されてきた問題も議論することが必要ではないか」と発信し、LGBT問題にも積極的に取り組んでいる。

21年6月にはLGBT理解増進法案が与野党で合意したにもかかわらず、党三役の預かりとなってしまったことに強い疑問と懸念を示し、朝日新聞に寄稿していた（結局、国会に提出されなかった）。

稲田氏が師匠とする安倍氏とは、夫婦別姓などを巡っては対立関係となり、党内や保守団体「神道政治連盟」の事務局長から外された。稲田氏はこれまでの支持層からは猛烈な批判を受けながらも、選択的夫婦別姓を推進しており、その姿勢には政治家としての覚悟を感じる。政治家は党内で闘い、既存の「価値」に挑んでいってなんぼだと思うのでなおさらだ。与野党問わず、党内秩序の中で物言えぬ空気を感じ、閉塞《へいそく》感を抱く議員が結構いるにも関わらず、党内改革の産声が上がらないのは、なぜだろうか。国会の中でさえ、物言えぬ空気がまん延しているとしたら嘆かわしい限りだ。

第六章で紹介するが、私は名古屋の入管施設に収容中に死亡したスリランカ人ウィシュマさんの問題を取材しており、入管法改正の国会審議を注視していた。その間、稲田氏に、ウィシュマさんの支援者らが残した報告書や、月刊誌「世界」に掲載された入管の現状を記した私のリポートなどを渡したことがある。

「これが入管の実態です」

とメールで資料を送ると、

「印刷して読んでいます」

と返信があった。法務委員会与党筆頭理事の立場で、法案を通すとの命題を持ち、与党国会対策委員会の意向には逆らえないようではあったが、事実に関する資料を読む、議論するという基本的な姿勢を持っている人であることはわかった。

21年7月に刊行された彼女の自伝『強くて優しい国』（幻冬舎）を読み、稲田氏の専業主婦だった母親が一貫して、彼女に「専業主婦はつまらんよ。女も職業を持って自立せなあかん」と女性が自立することの重要さを説いていたこと、難関の司法試験を一日に16時間勉強し、わずか2年で突破しても、女性の修習生には誰からも声をかけられず、最後に事務所のボスから、「5年間結婚しないなら雇うよ」と、今なら発言自体が問題視されるようなことを言われ、採用が決まったことなどを知った。女性活躍を進めたい彼女の思いは、自らの女性としての差別を受けてきた経験から来るものなのだと感じた。

ただ、稲田氏は11年、月刊誌「正論」3月号で「タブーといえば徴兵制もそうですね」と語り、若者全員を対象にした自衛隊体験制度を提案した。

「自衛隊について国民はまったく知らないし、国防への意識を高めてもらうきっかけにもなると思う」

「『草食系』といわれる今の男子たちも背筋がビシッとするかもしれませんね」

また講演などの場では次のような、極右的、国粋・国体第一主義的な主張をくり返してきている。

「国民の一人一人、みなさん方一人一人が、自分の国は自分で守る。そして自分の国を守るためには、血を流す覚悟をしなければならないのです！」
「靖国《やすくに》神社というのは不戦の誓いをするところではなくて、『祖国に何かあれば後に続きます』と誓うところでないといけないんです」
「祖国のために命を捧《ささ》げても、尊敬も感謝もされない国にモラルもないし、安全保障もあるわけがない。そんな国をこれから誰が命を懸けて守るんですか」

過去の発言を稲田氏がいまどう受け止めているのか。慰安婦問題などを巡る歴史認識については、「変わってはいない」とも聞く中で、本当の意味での多様性やリベラル保守と言えるまでのものが彼女の中に芽生えているのかはわからない。

安倍氏と稲田氏の師弟関係について「変わらない」と聞けばなおさらだ。彼女が主張する、夫婦別姓やＬＧＢＴの問題は、価値観的には、安倍氏を支える日本会議などと対極にあるものだ。今後、保守政治家として過去の自らの発言や歴史認識とどう向き合い、変わっていくのか、変わらないのか、注視していきたいと思う。

組織における女性たちのふるまいを表す語の一つに、米フェイスブックＣＯＯのシェリル・サンドバーグ氏が作り出した「リーン・イン・フェミニズム」（寄りかかるフェミニズム）という言葉があるそうだ。企業フェミニズム、いわゆる男性の競争社会の中で体制の一員となり、そこで最大級のパフォーマンスを行う女性のことをいう。男性社会、競争社会を見直すのではなく、それを肯定化し、自己実現を図ろうという動きだ。日本でいえば、小池百合子東京都知事や丸川珠代五輪担当大臣などがそれにあたるだろうか。

また女性擁護を行うふりをして、フェミニズムをナショナリズムに利用しようという動きもある。フェミニズム＋ナショナリズムの造語として「フェモナショナリズム」というそうだ。

代表的な例として、フランスの極右政党「国民連合」のマリーヌ・ルペン党首などが挙げられる。ルペン氏は、シャルリ・エブド襲撃事件後、女性解放をうたいながら死刑制度の復活やイスラム原理主義と闘う法的措置の導入、同性婚の廃止を打ち出した。なお、シャルリ・エブド襲撃事件とは、フランスで15年に起きた事件で、「シャルリ・エブド」という風刺週刊誌の編集部などが襲撃されて17人が亡くなった。裁判所は武装イスラム教主義者14人に有罪判決を言い渡している。

女性が「女性嫌悪」を表現する

このような視点から見れば、皮肉ではあるが、確かに自民党は「多様性」に富んでいるかもしれない。稲田氏のような男女格差の解消に取り組む女性議員がいる一方で、女性嫌悪

（ミソジニー）の感情を支持層にしている人もいる。

杉田水脈《すぎたみお》氏だ。自民党の非公式の勉強会では「女性はいくらでもウソをつけますから」と発言した。LGBTの人に対しては、雑誌で「彼ら彼女らは子供を作らない、つまり『生産性』がない。そこに税金を投入することが果たしていいのかどうか」と発言し、国会で選択的夫婦別姓を訴える議員に対しては「結婚しなくていい」などとヤジを飛ばした。

杉田氏のこういった発言に対し、自民党はこれまで処分を行ったことはない。重鎮たちも発言に対して「あってはならない」などと言うが、党としては許している。

一部の保守的な男性の中には根強い女性嫌悪の感情がある。それを表立って男性議員が口にすれば、森喜朗氏のように社会から袋叩《だた》きにあう。固定観念を変えるのは簡単ではない。杉田氏は女性として、代弁者の役割を担っているのだ。

自分たちが声に出したくても出せない思いを言ってくれているという点で、逆に大切にされているのではないか。それが自民党の処分の甘さにつながっていると私は思う。

当の杉田氏自身はしっかり計算しているのではないだろうか。ああいった発言をすれば、一定の層には確実に響くから票につながる。男性議員の胸の内にある女性嫌悪を、男性が言うと大きな問題になりかねないが、杉田氏が言うと謝罪で済んでしまう。

その点で、野田聖子《のだせいこ》氏は、自民党という男性優位の社会の中で議員であり続けたし、党の議員たちからの女性嫌悪を目の当たりにしてきた。

　野田氏はかつて、私に話してくれた。「自民党の女性議員である自分は、共産党の女性議員に比べても何十倍も苦しんだと思っている」と。女性蔑視と直結する家父長制を支持し、多様性を阻むような価値観が根強い支持団体をバックにする自民党という組織の中で闘い、ガラスの天井を常に感じながら議員をし続けたことには敬意を表する。

　一方で、だったらなぜ、杉田氏の発言に対する署名を受け取らなかったのかという点は未《いま》だに残念だ。

　杉田氏は、性暴力被害者への支援をめぐって、前述したように「女性はいくらでもウソをつける」と発言して、激しい非難が巻き起こった。20年9月のことだ。

　杉田氏の謝罪や議員辞職を求めるオンライン署名は約13万6000筆にのぼった。その名簿を手渡そうと、主催者のフラワーデモの人たちは党の幹事長代行を務める野田氏へ、何度も連絡を入れたという。最後は、自民党本部を直接訪ねたが門前払いされた。

　アポイントに応じなかった理由を、野田氏は「辞職は本人が決めることで党として辞職を求めることはできない。できないことは受け取れない」と、説明していた。しかし、やれないことは受け取れないなどと言ったら、政治家への陳情を国民が行うことなどできなくなってしまう。

現に学術会議の問題を巡っても6人の任命拒否をいまに到るまで、決して撤回しようとしない菅氏でさえ、梶田会長らの6人の任命拒否の撤回を求める署名は受け取っているのだ。「やれないから受け取れない」という野田氏の説明は、詭弁のように感じた。

フラワーデモは、作家の北原《きたはら》みのりさんが呼びかけ人となり、自然発生的に誕生した社会運動だ。性被害を受けた人たちが「もう黙っているのはやめよう」と立ち上がり、なぜ被害者は沈黙を強いられてきたのか、と社会に対し繰り返し問いかけ続けている。

男性、女性、LGBTQの人々が片手に花を持ち、街頭に集まり、それぞれが感じてきた生きづらさや日々の悩み、痛みを告白し共有する。その苦しさに、政治や党派は関係あるだろうか？

自民党の中には、それなりにリベラルに見えるような議員たちでさえ、「フラワーデモは共産党だから」と、事実無根の話をしている人もいると聞く。共産党とフラワーデモはまったく関係ないことを指摘しておくが、仮にフラワーデモが共産党と関係があるからといって、自民党は署名受け取りを断る理由になると考えているのだろうか。

署名を受け取ったからといって何か義務が発生するわけでもない。署名を渡しに来た人たちは、気持ちを受け止めてほしいのだ。野田氏からすれば、党内のバランスをとったのかもしれない。しかし私は、受け取ることさえもしなかったという事実に、心底がっかりした。

野田氏が政治家として体現したいことは何なのか。ジェンダー平等を求めるうねりは、森氏の女性蔑視発言を含め、かつてないほど強まっている。少なくとも、党内でミソジニーを体現する杉田氏に対し、厳しい姿勢で臨む意気込みを見せて欲しかった。それは、杉田氏のみならず、自民党のミソジニーに対する牽制《けんせい》にもなるはずだ。

野田氏自身、自民党内の凄まじい女性蔑視に苦しんできたはずだ。現在の党の中のミソジニー構造をリベラル派の政治家として変えていきたいと心底思うなら、今こそ強く主張していってほしいと思う。応援団はたくさんいるのだから。

第六章

ウィシュマさんの死が私たちに問いかける

年越し大人食堂

新型コロナウイルスが再び猛威を振るい始めた２０２０年12月、年末年始は家でたまったDVDでも見ながら子どもたちとゆっくり過ごそうと考えていた。記者仲間にお正月に生活困窮者への食事の提供や生活相談を行う「大人食堂」があると聞いたのは、年末も押し迫った、そんなある日のことだった。前から関心があったのだが、足を運べていなかったので取材してみようと思った。

21年の元日、会場となった東京・四ツ谷《よや》の聖イグナチオ教会に向かう。凍てつくように寒い日だったが、会場では手作りのお弁当がふるまわれ、高齢の男性に交じり、仕事を失った若い男性や子連れの女性の姿もあった。なかでも目を引いたのは、全体の3分の1くらいを占めていた外国人の姿だった。コロナの影響が生活基盤の弱い人へ弱い人へと向かっているのを感じた。

主催者側が用意した２００食はすぐになくなって追加され、最終的に計３４０食が振る舞われた。主催者の一つ「反貧困ネットワーク　新型コロナ災害緊急アクション」の瀬戸大作《せとだいさく》事務局長に話を聞いてみた。

「去年の大人食堂は1日、40~50人程度でした。これまで支援を続けてきましたが、リーマンショック時と比べても相談数は2倍以上です」

アクションは、4月以降、仕事や住居を失った人々に支援を行ってきた。支援を受けた人のうち、外国人は1200人にまで達したという。

会場では、弁護士などによる相談会も行われていた。相談にのっていた一人、宇都宮健児《うつのみやけんじ》弁護士は、外国人の状況を憂えていた。

「外国人は、生活保護のようなセーフティーネットがありません。モスクや教会などに泊まり込みなんとか居住地を確保している人が多いですが、生活費が稼げません。体調が悪化しても無保険なため、病院にもいけず、生活は皆追い込まれています」

相談会は3日間行われ、イランのほか、ナイジェリア、カメルーン、ベトナム、イラク、アフガニスタンなどさまざまな国の人が訪れた。訪れた外国人は36人で、うち20〜30代が3分の2を占め、若い世代の困窮者が目立ったほか、3人に1人が鬱《うつ》病や高血圧、糖尿病や内臓疾患などの健康不安を訴えており、病院にかかることを希望したという。保険もなく、生活保護のようなセーフティーネットもない彼らには、私たちが普通に受けられる医療さえ届いていない。私はそのことを改めて認識し、愕然《がくぜん》とした。

日本には20年末の時点で、288万人もの外国人が在留し、ほかに約8万人といわれる非正規滞在者がいる。コンビニエンスストア、ファミレス、居酒屋……身の回りだけでなく私たちが気付いていないコンビニの食品工場や建築現場なども、外国人労働者が支えている。

日本の経済は、彼ら彼女らなくしては立ち行かない。にもかかわらず、なぜ外国人がこれほどまでに苦しんでいるのか?

あるフィリピン人女性との出会い

1月2日は自宅で過ごしていたが、指宿昭一《いぶすきしょういち》弁護士からメールが入った。指宿弁護士は外国人の労働問題に詳しい方で、直木《なおき》賞作家の中島京子《なかじまきょうこ》さんから以前、紹介してもらってあいさつを交わしたことがあった。

指宿弁護士はこの日、フィリピン人女性Aさんの相談を受けた。Aさんは、国家戦略特区の制度を利用して3年間の勤務をめどに来日しながらも、会社側から一方的に解雇を言い渡され、ほかの仕事を探しているうちに貯金もつき、手に千円札を握りしめて相談会に訪れたのだという。

「ベトナム人の留学生などを雇う中小企業での不当な労働や解雇は何度も聞いていたが、大手のニチイがこんなことをしているなんて信じられない。取材してもらえませんか」

雇い主が医療介護で人材派遣大手の「ニチイ学館」と聞き、私も驚いた。頭には前日の大人食堂で長蛇の列を作っていた外国人の方々の顔が浮かび、Aさんの問題を追ってみようと思った。

休暇が明け、改めてAさんから話を聞くことにした。

Aさんは国家戦略特区の家事支援事業で2018年に来日した。家事支援事業とは、安倍前政権が掲げた「すべての女性が輝く社会づくり」を目的に行われた規制緩和政策の一つだ。日本では、高齢者の介護や家庭の掃除など家事支援の仕事をする目的での外国人の入国は、入管難民法で原則認められていない。国家戦略特区の中でその規制を外し、現在、東京、神奈川、愛知、大阪など6つの自治体で在留資格を認めている。ただし一定の条件があり、実務経験1年以上、かつ家事支援の知識や最低限の日本語能力などが求められる。

受け入れ側の日本の企業も、各自治体に労働条件や安全衛生などを報告し、監査を受けなければならない。そのうえで最長で5年間、雇うことができる。17年3月から外国人の家事支援者の受け入れが開始され、この制度の下で21年6月末現在、728人が働く。

ニチイ学館でのAさんは、勤務態度もよく、顧客の評価も高くて無断欠勤などもなかったが、2年目の契約が終わる直前の20年11月、マネージャーから突然、契約更新できないとの知らせを受ける。「日本語の試験で合格ラインに達していない」との理由だった。

それまで毎月、日本語の試験はあったが、合格は絶対条件ではなく、契約打ち切りを打診されたことはなかった。そもそも家事支援の清掃スタッフなので、簡単なあいさつ程度の日本語ができればよく、日本語能力が問われる仕事ではなかった。

来日に当たっては、契約更新で3〜5年は仕事ができると聞いており、日本で働くために3か月勉強し、日本語の面接や料理の訓練を1年以上重ねてきていたため、大きなショックを受けた。

またAさんには簡単に帰国できない事情があった。離婚後21年間、女手一つで3人の子を育て、娘2人は結婚し自立したが、息子は大学で学費がかかり、母親の面倒も見ているからだ。

フィリピンでもコロナ禍が拡大、フィリピン統計庁が発表した失業率は8・7％（21年4月）と高く、戻っても仕事が見つかるかわからない。Aさんは「日本で早く次の仕事を見つけなければ」と、仕事を探すため早期退職を申し出たところ、自己都合退職扱いにされた。

国の指針では、「本人が在留を希望する場合、雇用主は新たな受け入れ先の確保に努める」との規定があったが、ニチイは別企業への斡旋《あっせん》もせず、フィリピンへの帰国を求めた。同時期に来た8人の仲間も同じ理由で雇い止めになり、失意の中、5人が帰国したという。

契約解除されたAさんは国家戦略特区のビザではなく、勤務時間が制限される特定活動ビザへと変更を余儀なくされ、週40時間の労働時間は28時間へと切り下げられ、滞在期間も21年5月末までに短縮されてしまう。

「なんとかビザが延ばせる仕事をみつけなければ」と、4カ所のハローワークとネットカフェで仕事を探しながら、カプセルホテルや低額の宿泊所を転々とした。気付くと手持ちの現金は1000円となり、相談会に駆け込んだ。

「できるなら3年、5年と仕事をしたいと思っていました。（契約を更新しないと言われ）傷つき、とてもショックを受けました。子どもの学費や母親を支えるためにも帰るわけにはいかないんです」

私とほぼ同じ歳のAさんが、切々と訴える姿に言葉もなかった。

雇用の調整弁にされる外国人

なぜニチイ学館はこのような対応をしているのか、取材を進めた。

ニチイ学館は日本での家事代行業の需要増を見込み、18年2月に特区での事業に参画した。19年3月末で632人、20年3月末は695人のフィリピン人女性を受け入れた。

しかし家事代行の需要は予想ほど伸びなかった。そのなか、19年9月には事業を推進した創業者の寺田明彦前社長が死去。家事代行事業を含めたヘルスケア部門は19年度、21億円の赤字となる。

取材を重ねるうちに同社の関係者からも情報が寄せられるようになった。同社の20年8月に作成されたとされる文書には次のように書かれている。

「スタッフ評価制度による契約不更新（雇い止め）の実施」

「毎月実施の各種研修を基に、年間合格単位以下の者を雇い止める」

並ぶ「雇い止め」の文言。事業を黒字化するという論理はわかるが、これは外国人労働者の使い捨てではないか。

私は同社に回答を求めた。同社は、私がアクセスした当初から一貫して、取材に対しては面談でなく、メールで回答するとしていた。メールで質問を送ると、フィリピン人女性たちの評価制度に対して返答があった。

「当社独自の日本語試験を年4回、行っていた。その他の要素も含め改善が見られない人は、契約を更新しなかったケースもある」

これだけを読むとそれほど悪質とは思えない。実際はどうだったのか。声を寄せてくれたのは、同社の関係者だった。私にこう怒りを吐露した。

「フィリピンから来る人たちは、シングルマザーを含めて一家の大黒柱として、きちんと働きたいとプライドをもってやってきている女性が多い。さんざん期待をさせておきながら、ニチイは、労働需要が生み出せないとなった途端、『日本語能力に問題がある』などとその場しのぎの理由をつけて、一斉に雇い止めにしました。彼女たちを雇用の調整弁として扱っており、あり得ない」

「大量に女性を受け入れたが多くは仕事がなく、この1年は研修もせずに問題集を渡し自習させ、試験を受けさせ続けた。教育らしい教育はしていません」

フィリピン人女性の頑張りを見ていた関係者たちは、社内の理不尽なやり方に憤り、女性たちへ罪悪感を覚えて、彼らもまた苦しんでいるように見えた。

関係者やフィリピン人女性たちの話によれば、ニチイ学館は20年1月ごろから、契約更新しない根拠となる試験の頻度を増やすようになった。日本語、掃除技術や知識、社内コンプライアンス、礼儀作法など多岐におよぶ試験を、ペーパーや実技で繰り返したという。8月以降は総合点の悪い女性に追試を受けさせ、合格点に満たないと契約更新しなかった。

あるフィリピン人女性はこう証言した。

「繰り返し試験され、結果が悪い人は、事務所に名前や番号が貼り出され雇い止めになっていました」

21年3月末は489人が契約更新される見込みだったが、206人が退職した。自己都合の退社もあるが、一部は雇い止めだという。同社によれば98人が帰国した。驚いたことに、日本に残った108人のうち、48人の所在が把握できていない。

その件を尋ねると、ニチイは短いコメントを返してきた。

「契約更新に至らず退職した人がいたことは事実。第三者管理協議会に稼働率の低さを指摘され、雇用計画を見直さざるを得なくなった。フィリピンの関連機関に言われ、退職者の帰国を前提に対処していたが、今後は協議会とも協議の上、可能な範囲のサポートを検討したい」

抜き打ちで部屋を訪れ、干された下着の写真を撮る

私が問題を追いかけているさなかの2月中旬には、ニチイがフィリピン人女性たちの住む従業員寮やシェアハウス約20か所を抜き打ちで一斉調査を行っていたことも判明した。さらなる解雇を進めるために、女性たちにとってより不利な情報を洗いだそうと、プライバシーを完全に無視した手口で検査したことを知り、私は一気に怒りがこみ上げた。

この情報を寄せてくれたのも関係者だ。その方も、「こんなことが許されていいのか」と心を痛めていた。

抜き打ち検査は、同社の日本人従業員が二人一組となって部屋を訪れ、フィリピン人女性たちの同意もなく引き出しを開けたり、部屋干しの下着の写真を撮ったりしたという。

部屋に入られたフィリピン人女性は言う。

「下着姿の人もいる中、携帯電話もチェックされるなど、プライベートな部分にまで入り込

まれ、調べられた。そしてその後、何人かが雇い止めになりました。彼らは日本人にも同じことをするのでしょうか。こんなことを日本の大企業がやるなんて。人減らしの理由をつくろうとしているようにしか見えない」

不在の人もいるなかで、ベッドや引き出しの中を調べたり、写真を撮ったりして在宅勤務の態度や服装、整理整頓《せいとん》の様子などをチェックする。人権という概念が欠落している。どう考えてもやりすぎだ。

私はこれらのことに対して、ニチイ側に見解を求めた。

「個別に回答することは差し控える。悲しい思いをした元スタッフがいることを重く受け止め、真摯《しんし》に対応する。相談窓口の設置とともに対話に向けて調整を進めている」

またも短いコメントが返ってきた。

さらにその後の取材で、ニチイは、雇い止めや自己都合退社をするフィリピン人107人に対し「退職後は、ニチイからの支援はすべて必要なく、放棄する」などと書かれた「確認書」にサインをさせるなどしていたことも判明した。雇い止めだけでなく、責任回避のための文書にサインさせるとは信じられなかった。

これについてはどういうつもりなのか。

「『権利放棄書』として捉えられている可能性があると推察するが、確認書はあくまで双方の意志・認識の確認を行った。確認書の提出後も個別相談に応じ、帰国手配を含めた支援をしている」

同業他社は人手不足だった

そもそもこの特区制度自体に問題はないのか。安倍前政権は19年度からの5年間で最大34万人の外国人労働者を迎え入れるとし、菅政権もこれを踏襲した。

Aさんが従事したニチイは家事支援事業の需要を喚起できなかったため、大量に採用したフィリピン人女性たちがあまり、雇い止めの選択肢をとらざるを得なくなったようだったが、他の家事支援事業に関わる「ベアーズ」や「ピナイ・インターナショナル」「ダスキン」などは、人手が足りずさらなる募集をかけている。

私がニチイ以外の企業の関係者に取材すると、こんな声が聞こえた。

「ニチイは、初めに大量にフィリピン人を採用し過ぎたことも影響したのかもしれないが、なぜ、人手不足のこの事業で需要が喚起できないかが理解できない」

実際、コロナ禍でも清掃業や一部のホテルなどでは人手不足が生じていた。たとえばAPAホテルは、コロナ禍で収益は7分の1になったが、黒字をキープしている。取材した外国人のなかにもAPAに応募して仕事をしているという人も多かった。

ニチイを管轄する立場である、内閣府の国家戦略特区地方創生推進事務局の不作為も見えてきた。同事務局は立ち入り検査で、ニチイで人手があまっていることを1年以上も前に把握していたにもかかわらず、雇い止めが起きないような、たとえば需要の見込まれるほかの特定技能へ移行を模索するなどといった対策をおこなった形跡はゼロだった。

私はその点について、内閣府地方創生推進事務局に質問をぶつけると、次のような回答を得た。

「辞める人に、確認書を取るよう指導はしていない。今後、双方から話を聞き調査する」

「(立ち入り調査については) 事実関係を調べ、問題があれば、第三者管理協議会を通じて指導していきたい」

フィリピン人女性、ニチイ、監督官庁の内閣府、さらに外国人労働者の問題にも詳しい大学の研究者や支援者からもコメントを取り、3月4日から連続して東京新聞で掲載することになった。

反響は予想以上に大きなものだった。

報道で国会が動いた

報道が出ると内閣府は、ニチイの関係者からの聞き取りを行い、契約の更新をしないフィリピン人に対しては、別の支援事業者への斡旋を行うなど積極的な対応を取るように指示を出した。

同時に、立憲民主党の石橋通宏《いしばしみちひろ》議員ら野党共同会派が主催する「外国人受け入れ制度及び多文化共生社会のあり方に関する検討合同プロジェクトチーム（PT）」が何回か開かれ、同社の従業員だったフィリピン人が出席する会議も設定された。

出席した女性12人が、「仕事で評価されず雇い止めになった。助けてください」と涙ながらに訴えると、同席した内閣府や厚生労働省、出入国在留管理庁の担当者らは、「みなさんの声を聞いて真摯に対応を考えていきたい」などと応じていた。

女性たちが苦しむような状況を生み出したこと自体、ニチイには猛省してほしいし、本当に恥ずかしいことだが、記事が出たことで、ニチイや内閣府の対応が変わったことはほっとした。傷ついた彼女たちの気持ちが少しでも回復し、やっぱり日本に来て働いてよかったなと思ってもらえるようになってほしい。

内閣府に取材したところによると、報道を受けてニチイ側は、寮への抜き打ち調査などについて、事実関係を記した報告書を提出。内閣府が行政指導を含め対応を検討中だという。その後、雇い止めの乱発はなくなっており、ほかの会社への転職の斡旋や帰国を含めた準備金支援などを行っている。

批判された「権利放棄書」へのサインも、フィリピン人の女性たちに強要されることはなくなったと聞く。

報道のきっかけになったAさんは、支援団体の助けもあってシェルターで暮らし、ホテルで週何回かのベッドメーキングなどのアルバイトを続けていた。

「ビザの期限までになんとか家事支援で受け入れてくれる企業を見つけ契約し、ビザを更新したいです」

その後、Aさんは希望どおり、家事支援事業を行う別の企業に採用され、家事支援での在留資格が再交付された。

合格の知らせを彼女から電話で聞いたときは、私も跳びはねたくなるほどうれしかった。後日Aさんは、フィリピンで人気のココナッツミルクを使った、ちまきに似た米料理を作って自宅近くまで持ってきてくれた。日本で仕事が継続できることを3人の子どももAさんの母親もとても喜んでいるとのことだった。ほんのり甘くて優しい味のフィリピンのちまきを食べながら、しみじみとうれしさがこみあげてきた。

33歳の女性の死

ニチイの記事を書いているさなか、とんでもない話が飛び込んできた。名古屋出入国在留管理局に収容されていたスリランカ人女性、ウィシュマ・サンダマリさんが死亡した。まだ33歳だった。

死亡した際、名古屋入管は、中日新聞本社の記者の取材に「対応は適切だった」と短いコメントを出していた。いったい何があったのか。私は指宿弁護士から、ウィシュマさんを支援していた人たちなどを紹介してもらい、取材を開始した。

明らかになったのは、健康で明るく、日本で働くことを夢見て来日した1人の女性の姿だった。

ウィシュマさんは、スリランカで大学を卒業後、現地のインターナショナルスクールなどで子どもたちに英語を教えていた。そこで日本の子どもたちの礼儀正しさに感動し、17年、「日本の子どもたちに英語を教えたい」と日本語学校への留学を決意。母親は「安全安心といわれる日本ならば」と、娘の願いをかなえるために借金をして日本へ行くお金を工面したという。

意欲にあふれて来日したが、学校で出会った1人の年下のスリランカ人男性との交際を機に、状況が暗転していく。それまで月1日休むかどうかというほど熱心に勉強していた彼女は、交際が始まると学校の寮を出て、徐々に学校を休みがちとなり、学校から除籍処分とされ、退学となった。

寮を出た後も家族の元には度々電話が来ていたが、18年10月を最後に連絡が途絶える。心配する家族に「私は大丈夫だから。心配しないで。何かあったら私から連絡するから」と話したのが最後になったという。

20年8月、ウィシュマさんは静岡県清水町《しみずちょう》の交番に「交際相手にDVを受けている。中絶を強要され、赤ちゃんを堕ろした」などと言って、自宅にあった1350円を握りしめて駆け込んだ。そこで在留期限が過ぎていることがわかり、名古屋入管に収容された。

同年12月ごろから、支援者たちが面会を始める。支援者の一人、シンガーソングライターの真野明美《まのあけみ》さんはウィシュマさんがDVで傷ついているのを感じ、「一緒に暮らそう」と伝えると、ウィシュマさんは次第に心を開き、「もっと日本にいたい」と希望を言うようになったという。

入管側は、スリランカに帰国するつもりだったウィシュマさんに対して、当初は丁寧に対応していた。しかし、在留を口にしたとたん、職員たちは「帰れ、帰れ」「そんなことを言っても無駄だ」などと言うようになる。職員たちの豹変《ひょうへん》にショックを受け、DV被害へのケアもまったく行われないままだったこともあり、ウィシュマさんは1月上旬からものが食べられず、食べても吐いてしまうようになる。同28日には吐血。名古屋入管は2箇所の外部病院で内視鏡などの検査は受けさせたが、点滴や入院などの措置は一度も取られなかった。

死の直前まで何度もウィシュマさんは、「点滴をして」「今すぐに助けて」と訴え続けた。支援者たちも「このままでは死んでしまう。すぐに入院と点滴を」と入管側に掛け合ったが、「監視カメラで適切に管理している」などと答えるだけだったという。

難民受け入れに消極的な日本

ここで外国人が日本に滞在するときの手続きについて、簡単に押さえておきたい。

外国人が日本に入国する際、ビザが必要な国と不要な国があるが、就労や留学など長期で滞在する場合にはどちらの国でもビザが必要だ。ビザには原則的に滞在期間が設けられている。

滞在期間が過ぎてしまった外国人は、非正規滞在（オーバーステイ）となる。更新は可能だが、だれでも更新できるわけではない。たとえば就労ビザで滞在している場合、更新の申請のときに無職であれば、延長してもらえないかもしれない。留学ビザにもかかわらず学校を退学した場合なども同様だ。

オーバーステイが発覚したときに収容される施設が地方出入国在留管理局（入管）だ。入管は、日本に出入国する外国人を管理する行政機関で、出入国在留管理庁が管轄しており、担当省庁は法務省だ。入管の役割として「すべての人の出入（帰）国手続き」「外国人の在留審査」「外交人の退去強制手続き」「難民認定手続き」などがある。

収容に保護というイメージを持つ方もいるかもしれないが、実態は大きく異なる。鉄格子のある部屋に数人で入れられ、自由を奪われる。大きく人権を制限する措置にもかかわらず、その裁量は入管職員に与えられている。収容期間の定めもないため、いつまで閉じ込められているかはまったくわからない。

裁判との違いを考えていただければ、入管が持つ裁量の大きさがわかると思う。裁判は、憲法と法律にのっとって開かれた場で行われ、被告には必ず弁護士が付く。一方の入管は収容期間も、仮放免や難民申請の許可不許可の判断もブラックボックスだ。だれがいつどうやって何を根拠に決めているのかわからない。にもかかわらず、人の自由を奪う。


オーバーステイになり入管に収容されながらも、帰国を望まない人が収容を回避するにはいくつか方法がある。

一つは、仮放免申請だ。一時的に収容を停止して釈放する制度で、収容されている人やその家族が申請し、入管側が判断する。とはいえ、仮放免では就労することもできず、また定期的に入管への出頭も求められる。再収容されることもある。

もう一つが難民申請だ。これも収容されている人が申請し、入管側が判断する。申請が認められれば、日本に在留する許可を得られる。就労も可能となり、出頭の義務もない。最近では、サッカーのワールドカップ・アジア2次予選で、ミャンマー代表として来日したピエ・リヤン・アウンさんが難民申請して許可され、5年間の在留と就労が可能な「定住者」の在留資格が付与された。このニュースだけを見ると非常に迅速で、容易に認められるように見えるが、実態はまったく違う。

一部の人は認定が下りず、再申請を繰り返している。その間、ずっと収容されて自由を奪われている人たちもいる。この収容の長期化が問題となっており、19年には長崎県の大村《おおむら》入管で、ナイジェリア人男性のオカサ・ジェラルドさんが、抗議のハンガーストライキを行い、餓死した。

1951年に国連で難民条約が採択され、その理念に基づき、世界の国々は多くの難民を受け入れ、共生の道を探ってきた。日本は81年に批准したが、以降も受け入れに消極的だ。それは、各年度の難民受け入れ数の推移や諸外国との受け入れ人数の比較を見れば明らかだ。

2020年、日本での難民申請者は3936人いたが、認定されたのはわずか47人、1・2％ほどだった。諸外国に比べて十分低いが、日本では例年より高かった。たとえば19年に申請した人は1万375人いるが、認定はわずか44人、0・4％しかない。

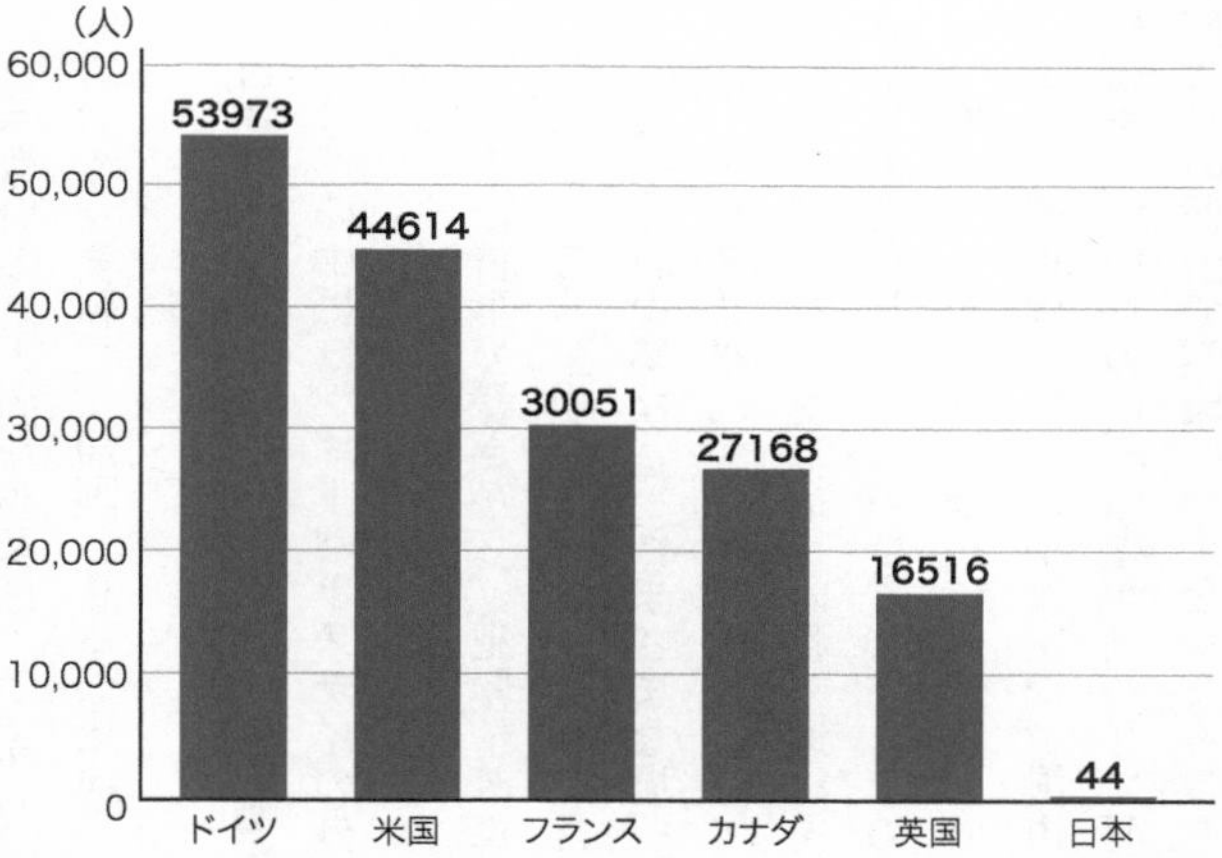

2019年における主要国と日本の難民認定人数（出典　ニッポンドットコムHP）

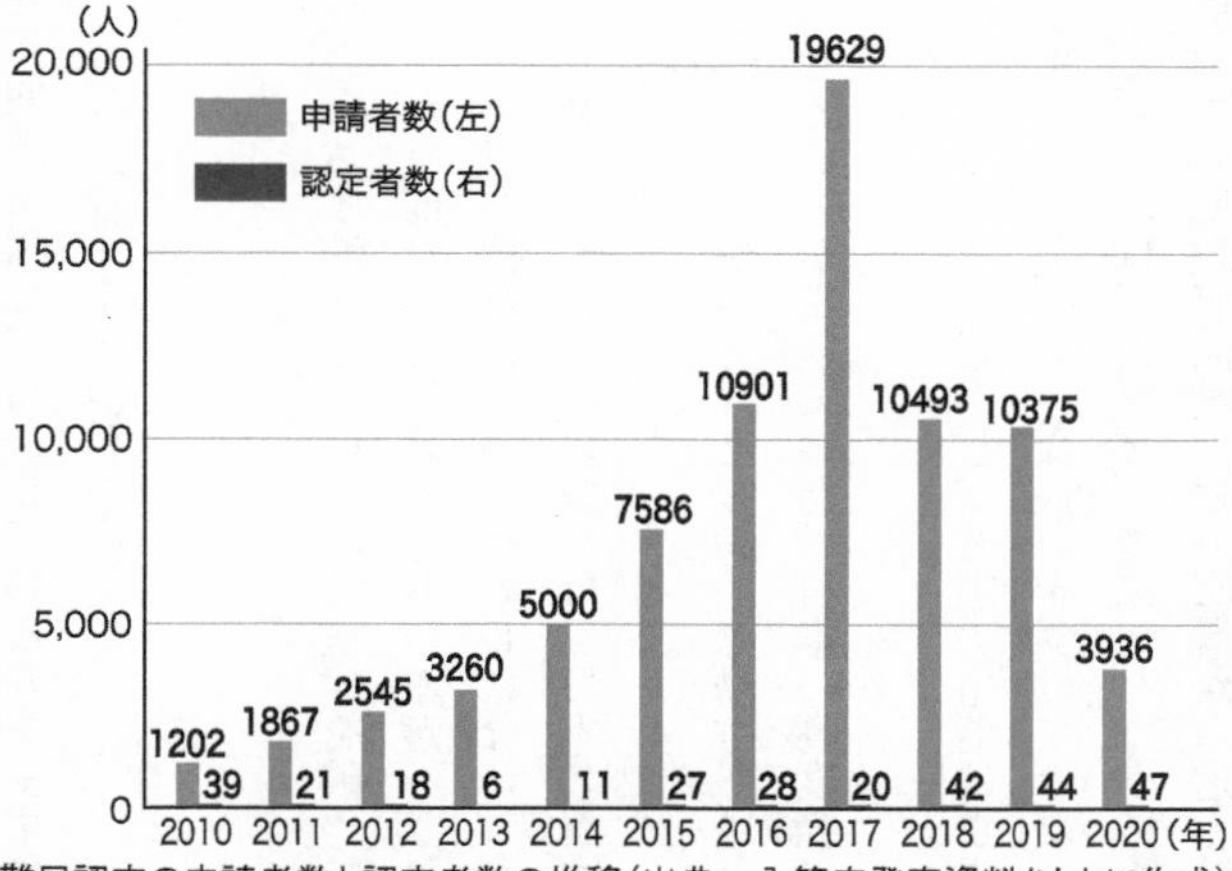

難民認定の申請者数と認定者数の推移（出典　入管庁発表資料をもとに作成）

日本政府の基本的な姿勢は、「全件収容主義」だ。期限を超えて滞在している人をまずは収容する。そして、帰国させる（送還）。前頁のグラフはそれをよく表している。

日本社会を支えるオーバーステイの労働者たち

皆さんの中には、オーバーステイの外国人は期限を守らず滞在しているので法律を破っているのであり、不法在留なのだから取り締まられて当たり前だ、と考える方もいるかもしれない。また言葉の響きから、犯罪予備軍のようなイメージを持たれているかもしれない。日本にいる非正規滞在者は、21年1月時点で、8万2868人。その多くは、日本の農家や工場や建設現場など、さまざまな場所で働いている。

特に1980年代から90年代にかけては、日本の中小企業や経営者たちが、労働力不足などから外国人を大量に招き入れ、違法を承知で働かせることが続いていた。日本の高度経済成長を下支えしてきたのもまた彼らなのだ。

オーバーステイは、確かに入管法という法律には反している。しかし、個別の事情はさまざまだ。彼らは、日本の不安定な労働市場の中で雇用の調整弁のような扱いを受けてきた。仕事をしていたのに雇用先が倒産して解雇されることもあれば、留学ビザで来日しながらも、何らかの理由で学校に通えなくなることもある。母国での反政府活動などの影響から迫害の恐れがあり、帰国を希望しない人もいる。

法律に違反した際も、制限が行われるならそれに見合ったものでなければならない。たとえば、車を運転していて一時停止を無視したからといって、無期懲役になったりはしない。これを法律の用語で「比例原則」というそうだ。それに照らすなら、オーバーステイは、長期にわたって自由を奪うほど悪質なのか。

日本の入管における収容者への扱いについては、かねて問題が指摘されてきた。国連の「拷問禁止委員会」などから、「入管の収容者への扱いは拷問に当たるのではないか」など、再三にわたって懸念が表明され、勧告も受けている。私が支援団体などに話を聞いたところ、入管収容者の死亡は1993年以降で24人にも上るという。病死のほか、自殺が7件。頭がい骨骨折など外傷による死亡もある。2007年の時点で、拷問禁止委員会から、処遇に関する不服申立を審査する独立した機関の設置や拘禁期間に上限を求めることなどを勧告されている。勧告を受けて、入国者収容所等視察委員会という第三者機関もできた。しかし20年には国連人権理事会の「恣意的拘禁作業部会」から「国際法違反」と指摘された。

このように状況が改善されてきたとはまったく思えない。収容者の事故などが起きるたびに入管庁（19年までは入国管理局）は、医療体制の見直しや職員の意識改革を打ち出してきたが、収容者を取り巻くありようは、驚くほど変わらない。

改正法案は入管の権限強化

ウィシュマさんの事件が起きたこの時期、入管法の改正案が国会に提出されていた。この二つの事象が同時期だったのはあくまでも偶然だ。しかし両者は大きく関わり合いながら、事態が進行していく。

入管法改正案、正式名称「出入国管理及び難民認定法及び日本国との平和条約に基づき日本の国籍を離脱した者等の出入国管理に関する特例法の一部を改正する法律案」は、ウィシュマさんの死亡以前から、政府が進めていたものだ。すでに21年2月19日に閣議決定されている。

そもそも政府はなぜ改正が必要と考えたのか。別掲が全文だが、要約するとこのような内容だ。

「不法在留者が増加しており、退去させたいのだが、拒む人が3000人もいる。日本社会が外国人を適正に受け入れるには、不法在留者や送還忌避者をゼロにする必要がある。今の入管法では強制的に退去させられない。そのために改正する」

この文章を読んだとき、在留期間を超えて滞在している人に対してどのようなイメージを

近年，日本に入国・在留する外国人の数の増加に伴い，許可された在留期間を超えて不法に日本国内に滞在している外国人（不法残留者）の数も増加に転じています。

そのような外国人は，令和２年７月１日時点で，８万人余りいます。

当庁は，このような外国人を国外に退去させるため，その摘発に努めています。

摘発された外国人の多くは，国外に退去していますが，中には，国外への退去が確定したにもかかわらず退去を拒む外国人（送還忌避者）もいます。

そのような外国人は，令和２年12月末時点（速報値）で，３,000人余り存在しています。

多くの外国人を日本社会で適正に受け入れていくためにも，このような不法残留者や送還忌避者の数をゼロに近づけていくことが必要です。

現在の出入国管理及び難民認定法（入管法）の下では，国外への退去が確定したにもかかわらず退去を拒む外国人を強制的に国外に退去させる妨げとなっている事情があります。

その結果，そのような外国人が後を絶たず，それが退去させるべき外国人の収容の長期化にもつながっています（送還忌避・長期収容問題）。

今回の入管法改正は，外国人を強制的に国外に退去させるための手続（退去強制手続）を時代に即したものに改め，この送還忌避・長期収容問題の解決を図るために必要なものです。

改正の背景（出典　入管庁HP）

抱くだろうか。

アメリカのバイデン政権は、拘束された移民にも尊厳があるとして、「不法在留外国人」との呼称を禁じ、「市民権を持たない人」や「必要な書類を持たない人（Undocumented）」との言葉を使う方針を示した。日本政府の収容者への態度とは対照的だと感じる。

私もこの原稿では不法在留外国人ではなく、オーバーステイの外国人、非正規滞在者などと記したい。

こうした理由に基づいて提出されたのが、今回の改正案だった。一読すると、入管の権限を拡大し、外国人への監視と排除をより強化することを目的としていることに気づく。

たとえば現行法では、収容者は何度でも難民申請を繰り返すことが可能だが、改正案ではこれに制限を設け、3回以上は原則、送還停止を認めず、拒否すれば送還忌避罪などの罰を科すというものだった。

20年末時点で、送還忌避者（自国へ送還されることを望まない人）3103人のうち難民認定を申請中なのは1938人で、3回目以降の申請者は504人いた。改正案が成立すれば、504人は「相当な理由」を示さない限り、送還忌避罪が適用されることになる。

法務省の上川陽子大臣は「過去に3回目の申請で難民認定された人はいない」と説明していたが、実際は違う。たとえば、イラン出身の男性は3回目の申請中に、難民認定義務付けの訴えを提起したところ、「宗教を理由とする難民に該当する」との判決が出て、20年に難民認定されている。日本の難民認定率が、まったく改善されていない状況で、送還忌避罪を創設すること自体、非常に問題だ。

また、長期収容の解決策として法務省が盛り込んだ「監理措置制度」も疑問だ。この制度は収容者の弁護士や支援団体を、入管が「監理人」に指定し、入管が認めれば就労も可能になるが、監理人は収容者の生活などを監督し、報告する義務を負わされ、違反すれば10万円以下の過料も科される。

本来、収容者の権利を守るべき弁護士や支援者が、入管側に報告の義務を課されることになる。収容者にとって不利益になることも含め報告を強いられることから利益相反関係に陥る可能性があり、支援者側からすればあり得ない改正だと思う。

ＮＰＯ法人「なんみんフォーラム」が支援に関わる弁護士や支援団体から意見を聴取した結果、「監理人を引き受けたいか」の質問に90％が「なれない・なりたくない」と回答、「罰則が規定されているから」との理由が多く、改正をしても人手不足は免れないだろう。

オリンピックが加速させた外国人排除

なぜ政府は、ここまでオーバーステイの外国人に対して強硬な姿勢をとるのか。規制を強化させた要因の一つに、東京オリンピックがある。

オリンピックは「平和の祭典」であり、競技種目の世界一を決めるだけではなく、国際交流や相互理解を深める機会という役割があるはずだ。この点から考えれば、本来的には日本にいる外国人問題の改善に取り組むべきだろう。

しかし入国管理局（現・入管庁）は15年、東京オリンピックで来日する外国人２０００万人以上を歓迎するため、「安心・安全な社会の実現」をはかるとして、16年には「我が国社会に不安を与える外国人を大幅に縮減する」よう、全国の入管に通知を出している。

18年には警察庁、法務省、厚生労働省の三者が共同で「不法就労等外国人対策の推進（改訂)」という文書を出している。そこには次のようにある。

〈政府は、2020年東京オリンピック・パラリンピック競技大会に向けて「世界一安全な国、日本」を創り上げることを目指している。平成25年に策定された「『世界一安全な日本』創造戦略」では、不法滞在・偽装滞在者の積極的な摘発を図り、在留資格を取り消すなど、厳格に対応することとしている。(中略)このように、政府全体を挙げて不法残留者を始めとする不法就労等外国人に対する取組を続けているところである〉

同年には、入国管理局の警備課長、君塚宏《きみづかひろし》氏の名前で、「不法滞在者の縮減に向けて、効率的かつ強力に業務を推進」するよう、全国の入管に通知が出された。

東京オリンピックを機に来日する外国人を歓迎する一方で、「社会に不安を与える」とレッテルを貼った外国人を排除する。このようなことが許されるだろうか。

16年の入国管理局の通知を機に、収容期間が半年を超える人が倍近くまで増加する。抗議のハンガーストライキが全国で拡大。19年6月、長崎県大村市の入管施設でナイジェリア人男性がハンストで餓死したのはこのときだ。

これを受けて、法務省は長期収容を見直すため、外部有識者による専門部会を設置した。

部会は最終的に、オーバーステイの外国人に対し、仮放免の基準の緩和といった規制を緩める方向ではなく、罰則を含めた管理強化策をまとめた。この提言を受けた入管法改正案は、日本社会で生活を認める仕組みを作る一方、国連人権理事会や国連難民高等弁務官事務所が懸念を示してきた収容期間の上限設定や、司法審査の導入を盛り込まなかった。

世論の変化

改正案について、私は与党の政治家たちと話したのだが、世論が騒がなければ粛々と進め、強行採決に持ち込めばいいと思っているようにも感じた。カジノなどと比べてさほど利権が絡まず、特捜部を持つ法務省・検察庁ににらまれたくないという理由もあったかもしれない。

メディアの反応も薄かった。東京新聞も例外ではない。私が大きく扱うように言っても、編集局の温度は当初はさほど高くはなかった。

「お前は考えすぎだ。被害妄想だ」

「不法滞在者は犯罪者だから取り締まるのは当たり前でしょう。不法なんだから。入管がやっていることは何も問題ない」

「日本は移民を認めていない。移民を認めて国家として成り立っている欧米と比べるな」

などと衝撃的な発言を一部から聞かされた。なかには、

「自分の家の周りにも怪しい外国人はいっぱいいる。ああいう人たちは、どういう資格で滞在しているのか」

「ウィシュマさん問題と難民問題は関係ない」

などと言う一部デスクもいた。その度に東京新聞でもこの程度の認識の記者がいるのか、と怒りを覚え、言い返した。

「オーバーステイだからって犯罪ではないでしょう」

「外国人問題でその程度の認識なんですか」

「あなたは正直、ヘイトだと思う」

取材や執筆より、一部デスクとのこのようなやりとりの方がしんどく、「こんなことの理解さえないのか」と精神的に参ることも多々あった。

メディアがこの調子なので、一般の人の間にもなかなか問題が認識されていかない。普段は貧困やジェンダー問題、市民活動などに熱心な知人たちも関心が薄かった。

入管法の改正とあわせ、「ひどいことが起きているんです」とウィシュマさんの話をしても、「そういえばそんなニュースありましたね」「外国人問題とか入管は、よくわからないんですよね」といった感じだった。

このままでは入管の権限を強める入管法改正案が可決され、ウィシュマさんの死因も明るみに出ることもなく忘れ去られてしまう。法案の方は採択のリミットが迫っており、いつにない焦りを覚えた。

とにかくできることをしようと、私は上川大臣の会見に行って質問し、関係者に片っ端からあたって取材し、東京新聞社内でバトルしながらもスペースをもらって記事を書き、ツイッターでつぶやいた。賛同人の輪を広げるため、作家の北原みのりさんや中島岳志《なかじまたけし》東工大教授、思想家の内田樹《うちだたつる》さんなど、発信力のある方々に「こんな記事を書いたので読んでください」と送ったりもした。

東京新聞でも、「ここがおかしい」「こんなこともあった」と日々、デスクたちに疑問や問題点を繰り返し伝えていくと、少しずつ理解してくれたのか「そんなに書きたいのならばどんどん書いて」と変化していった。

記事では、事実だけを淡々と伝えるのはもちろん、ウィシュマさんの支援者を通じて知った彼女の人柄を紹介したり、入管の救いようのない対応を報じたりした。いくら自分の生活に関係なくても、1人の人間としてきっと怒りを覚え、疑問を持ってくれるはずだ。東京新聞だけでなく、毎日新聞、TBSの「報道特集」、NHKの「おはよう日本」「ニュース9」国際報道部、雑誌「週刊金曜日」なども継続して問題を追っていた。

ネットメディアも、ジャーナリスト安田菜津紀《やすだなつき》氏が副代表の「Dialogue for People」、佐治《さじ》洋《ひろし》氏が代表の「Choose Life Project」などが続々と報じた。また、お笑い芸人のせやろがいおじさんや元アナウンサーでタレント、エッセイストの小島慶子氏、作家の中島京子氏や星《ほし》野《の》智幸《ともゆき》氏、温又柔《おんゆうじゅう》さんが参加し、PRコンサルタントの若林直子《わかばやしなおこ》氏が司会をして、ウィシュマさんの死亡と入管政策の問題点を呼びかける会見やオンライン署名への呼びかけも行われた。

こういったことが重層的に積み重なって、冷めた社会の空気は少しずつ変わり、入管法の改正案にも関心が高まるようになった。

食い違う説明、繰り返す「調査中」

ウィシュマさんの死亡については、亡くなった3週間後の3月26日、参議院議員会館で野党の公開ヒアリング「難民問題に関する議員懇談会」（石橋通宏会長）が開かれるというので向かった。カメラを回しながら取材した。

会場には私たち日本メディアの記者のほか、外国人の記者の姿もあった。また、ウィシュマさんを支援していたNPO法人「START」の松井保憲顧問、指宿弁護士も来ていた。

前方左側には、立憲民主党の参議院議員で「難民問題に関する議員懇談会」（難民懇）の会長を務める石橋通宏議員、同会会長代行の徳永《とくなが》エリ参議院議員が座っていた。右側には、外務省の担当者が2名、入管の担当者4名ほどがいた。

出入国在留管理庁警備課の梅原義裕補佐官は、ウィシュマさんが死亡するまでの経緯を次のように説明した。

「体調悪化について名古屋入管から本庁に連絡があったのは2月下旬で、『官給食が食べられない』というものだったが、『数日後には摂取するようになった』と報告されています」

それに対し、支援を続けてきた松井氏は、淡々とその欺瞞《ぎまん》を指摘した。

「すでに1月末には体重が減っており、嘔吐を繰り返して食べられなくなっていました。1月下旬には嘔吐の際に吐血し、2月5日には外部の病院で内視鏡検査を受けています。2月下旬というのは死ぬ間際の話です。名古屋局からの2月下旬に官給食を摂取しないという報告があったとしたら、実際とかけ離れた恣意的な報告と言わざるを得ません」

「本庁が把握していないというのは通りません。私は、先週3月17日水曜日に、本庁の方から直接ヒアリングを受けています。内視鏡検査についても、本人の容態についても詳細に報告しています。その報告は、意味がなかったのですか」

梅原補佐官は表情を変えず、淡々と「その点は調査中です」と繰り返した。

さらに松井氏は、官僚や入管関係者に聞かせるように、ウィシュマさんとの面談で聞き取った詳細な状況を報告してくれた。

ウィシュマさんは体調が悪化する過程で、入管ではなく、外部の病院に2回行った。嘔吐が続き衰弱していたが、希望していた点滴は行われなかった。薬は出されていたが嘔吐のため摂取が難しい状況だった。

亡くなる2日前にも病院にかかったが、なぜか精神科で、点滴も行われなかった。なぜ点滴さえも行わなかったのか、なぜ精神科だったのかを尋ねられたが、入管側は「現在調査中です」「適切に調査します」「調査の希望は本庁に伝えます」と繰り返し、真摯に答える様子はまったく見えなかった。

石橋議員は、入管の担当者にはっきりこう伝えた。

「これまでまったく説明をいただけてなかったが、今日少しばかり（情報が）出てきたが、はなはだ不十分。私たちは国政調査権に基づいてお願いしている。それを拒否する理由はありません」

指宿弁護士も感極まったように訴えた。

「女性が亡くなった当日、中日新聞の報道によれば、名古屋入管は彼女に対する対応は『適切だった』と答えた。なぜその時点で適切だと答えられたんですか。説明してください。あなたたちはいつもそうだ。最初から適切だった、という結論があるのではないんですか。そうでないなら発言を撤回してください」

担当者は「調査します」とまた繰り返した。

この公開ヒアリングの後、東京日比谷《ひびや》の日本外国特派員協会で、支援者の松井顧問、指宿弁護士らが登壇して記者会見が行われた。

松井氏は、ウィシュマさんに会った最後の日となる3月3日のことを、より詳細に語った。

「こういう場で語るには……悲惨な状態になっていました。女性は車いすに乗ってきたのですが、細かい話ですが、最初からマスクを着用していませんでした。おそらく、入管がマスクをしなくていいという許可を出したのでしょう。マスクをすることによって呼吸が苦しくなるという状態になっていたからだと思います。

女性は普段、日常会話は問題ないレベルで日本語が話せますが、このときは日本語が話せない方と会話をしているような状態でした。いつもは最初や最後にハイタッチをするのですが、車いすの背にもたれていて上体を起こすこともできず、手も伸ばせない。直視できる状態ではありませんでした」

「今日の（公開ヒアリングの）入管庁の報告を聞いていると、『2月中旬まで元気だったが、下旬から突然食べられなくなって亡くなった』というシナリオで幕を引きたいようです。亡くなる2日前に行った病院は神経内科です。症状は違うんだ、という印象を与えたいというようにも思えます。結局、点滴一つ打たなかった。その理由は謎のままです」

私は質問した。ウィシュマさんがＤＶ被害を訴えていたという点が気になっていたからだ。

「女性は当初、ＤＶ被害を訴え、静岡県の警察に駆け込んだと聞いています。ＤＶ防止法には『被害者の国籍、障害の有無を問わず人権を尊重し、安全確保と秘密の保持に配慮しなければならない』と書かれています。もしＤＶ被害をきちんと聞いていれば、入管ではなく、シェルターにかくまわれていたかもしれません。この点について、対応に問題はなかったのでしょうか」

指宿弁護士が答えた。

「ＤＶ被害の訴えをしている女性の対応として、入管の対応はきわめて不適切だったと思います。このケース以外にも、オーバーステイの外国人がＤＶの被害をうけたり、犯罪の被害者になったとき、被害者として扱わず、ただ在留資格がないということだけでどんどん収容しています」

「入管法の改正案は、入管が管理を強化できる制度です。自らの誤った政策で死亡者を出しておきながら、改善ではなく、焼け太りを狙っている。絶対に成立させてはなりません」

入管幹部の薄い危機感

実は私は、この外国特派員協会の記者会見には遅れて行った。公開ヒアリングが終わった後で、入管側の幹部や現場の職員にぶら下がって取材していたからだ。

私が入管の幹部を捕まえて名刺を渡すと、

「望月さんですか、あの望月さんですか！」

とまるで緊張感がない。

「いや〜、望月さん、ここだけだから言いますけどね、本当に死ぬようにはまったく見えなかったそうなんですよ」

私はそののんきさに怒りが込み上げてきた。幹部だから実際に現場にいたわけではないが、人の命がこの世から消えたという事実を重く受け止めないのか。矢継ぎ早に質問した。

「半年間で20キロも体重が減ったと聞いています。おかしいと思わなかったんですか」

「吐血したり、上体を起こせなかったりしていたのに、何とかしてあげようと思わなかったんですか」

「なぜ点滴一本もしなかったんですか」

それに対して、あくまでもひょうひょうと答える。

「現場はわかっていたと思うけど、上が理解できていなかったと思いますよ」

私はこう返した。

「いや、私が取材したところでは、ウィシュマさんが苦しさを訴えていたのに対して、現場の職員は、在留期間を延ばしてほしいための『詐病じゃないか』と言っていたと聞いています。ベッドから落ちた際も体力がないから這い上がれないのに『ビニールシートを敷いているから大丈夫』と放っておいたという話も聞いていますよ。現場の認識はおかしいですよね。それをきちんと上に伝えていなかったんじゃないですか」

その人は、

「いや〜、現場もちゃんとやっていたと思いますよ」

と埒が明かなかった。

オーバーステイ外国人の取り締まりアプリ

人を人と思わない対応の根底にあるのは、入管側の外国人に対する差別的な姿勢だと私は考えている。

それを如実に表しているのが、入管庁が配布するオーバーステイ外国人の取り締まりアプリだ。話は少しそれるが記しておきたい。在留カードのＩＣチップを読み取るだけで偽造かどうかをチェックできるというもので、入管庁がＮＴＴデータに８４００万円で発注して開発された。在留カードというのは３か月以上滞在する外国人に配布されている。このアプリは20年12月から入管庁のホームページに一般公開されている。ダウンロードは無料だ。もちろん私たちもダウンロードできて、在留カードの真偽を判断できる。

法務省は配布に積極的で、アプリの使い方を開設したユーチューブ動画まで公開している。このアプリは正規滞在者も含めて在日外国人すべてを対象にしており、まるで「外国人監視アプリ」だ。

開発の背景には、在留カード偽造の摘発件数の増加がある。15年の摘発数は369件だったが、18年には620件と増加している。

入管側は、このアプリはあくまでも在留カードの偽造や不法就労の助長を防止するものであり、在留カードの確認は任意だと説明してきた。もしそうなら、入管と事業主の間で在留カードを確認する仕組みをつくればいいではないか。なぜ一般市民にも無料で配布されるのか。コロナ禍を見ていても正義が暴走した「自粛警察」が問題になった。一般の人が恣意的に外国人を取り締まる乱用への歯止めは何もない。

アプリは21年5月末までに4万回ダウンロードされたが、法務省はどのように使われているかを把握していないという。難民懇やNPO法人からも批判の声が続々と上がった。

私は難民懇で懸念されていた点を、入管庁のぶら下がりで君塚宏在留管理支援部長に問うた。するとこう驚かれた。

「こんなことを聞いてきたのはあなたが初めてですよ」

牽制なのか、嫌味なのか。どちらにしても、入管側の認識があまりにも鈍感でこちらのほうが驚きだ。

「アプリが悪用され、人権侵害が起きることはまったく望んでいません。指摘を受け、対応を検討します」

そう返答された。指摘を受けてわずかに修正されたが、アプリの告知を見ても、このようなアプリを政府が作り、積極的に市民に拡散することが、外国人差別を助長しかねないという危機意識はまったく感じられなかった。今なおアプリは入管庁のホームページに上がったままだ。

国がこういう姿勢を取り続けているから、自治体も相応の対応をしてしまう。

ウィシュマさんの問題が取り上げられていた6月には、三重県がホームページに「外国人の不法就労・不法滞在の防止について」というお知らせを掲載した。そこには3人の男女が描かれており、だれもが灰色の肌で、黄色の目をしており、怪しげな笑みを浮かべている。それぞれが、「在留資格調理師」「在留資格留学」「在留資格無資格」と書かれた紙を手に持っている。

法務省がオーバーステイ外国人を犯罪予備軍のように見なし、送還に積極的な姿勢を取っているのだから、起こるべくして起きたともいえる。三重県は県民からの批判を受けてホームページのお知らせを削除したが、あまりにも見識が浅いことに愕然としてしまう。

因縁の秘書課長

4月9日、ウィシュマさんが死亡するに至った対応についての「中間報告」が法務省から提出された。そこには、ウィシュマさんが1月下旬から体調を崩し、2月に入ると職員の介助なしには起き上がれなくなったことが記されていた。

しかし相変わらず死因は不明のままだし、公開ヒアリングで石橋議員や指宿弁護士が求めていた「なぜ点滴を一本も打たなかったのか」「亡くなる2日前に受診させたのはなぜ精神科だったのか」などについては、言及がない。DVを訴えていたことやその対応についてもまったく触れていない。責任の所在もぼやかされたままだ。入管法の改正案を成立させたいがために、早期に収束を図りたい意図が見えるようだった。

入管庁を管轄するのは法務省だ。私は法務省記者クラブで火曜と金曜に行われている会見に行って、法務省トップの上川陽子大臣に質問することにした。

上川大臣の会見では、質問は1人1問と言われているが、一度にまとめて関連した質問を聞くこともある。東京新聞は、かつては法務省担当の記者を置いていたが、現在は社会部の人数が減り、社内の調整は不要で自由に行くことができる。

出席して感じたのは、「はじめに」で記したように上川大臣の会見がとても静かだということだ。

私が最初に会見に出たのは中間報告が提出された4月9日金曜日の閣議後会見だった。

「ウィシュマさんの死亡問題が取り上げられている中で、さらに入管庁の職務権限を拡大するのはおかしいのではないでしょうか」

このほか、合計で10分弱ほど聞いた。更問い《さらとい》（質問を重ねること）しようとすると、そのたびに司会の官僚が「手を挙げてからお願いします」と口を出してきた。

その官僚とは、吉川崇《きつかわたかし》氏という検察官で、法務省の秘書課長だ。吉川氏とは浅からぬ因縁がある。

私が特捜部の担当だったとき、吉川氏は東京地検特捜部の一検事だった。04年ごろのことだ。当時も今も、特捜部からは報道機関に対して、現場の検事に取材（夜討ち朝駆け）しないようにという決まりごとが出ていて、その代わりに特捜部長以上の幹部が対応するということになっている。とはいえ、検察の幹部は、特に特捜部に関しては記者に本当のことを言わず嘘をついていいということになっていたので、ルールを守っていては欲しい情報は得られない。

私はルールにお構いなく、のべつ幕なしといっていいほどに検事や事務官を回っていた。たいていの検事や事務官は、私が当たるとすぐに私の上長に通報する。

「またお宅のところの若い記者が検事のところに来たそうです」

私だけではないが、通報されると他社も含めていつも1～2週間ほど出入り禁止となった。接触した検事や事務官の98％は通報するが、わずかながら通報せず、話をしてくれる人もいた。といってもあいさつ程度というのがほとんどだったが……。それでも私たちは取材を積み重ね、少しずつ少しずつ権力者が隠したい事実を明るみに出していった。

吉川氏は、私が担当で割り振られた検事の1人だった。駅で待ち伏せて名刺を切ってあいさつすると、「だめだよー、だめだよー」と明るい笑顔で言いながら逃げるように走り去り、速攻で通報された。大学時代は野球部に所属し、体を鍛えているスポーツマンだとも聞いた。すぐ通報する人だったが、悪い人ではないなという印象もあったので記憶に残っている。

その吉川氏に久しぶりに会ったのだ。私は会見後、あいさつにうかがった。

「吉川さん、お久しぶりです。出世されましたね」

吉川氏はこう返した。

「望月さん、相変わらずだね。まあまあ。わかりにくいかもしれないけど、大臣もかなり今回のことでは、心を痛めておられるから。よくわかっているから」

上川大臣は、ウィシュマさん問題に真摯に取り組んでいるんだということを言いたかったのだと思う。心を痛めているのは伝わってくるが、それでは大臣の責務を果たしているとはいえないだろう。

その後も私は、上川大臣の会見で質問を続けていたが、あるとき吉川氏からこう言われた。

「他の人は会見で質問があるときは、基本的に通告してきますよ」

直截《ちょくせつ》的ではなかったが、事前質問の要求だ。私はストレートに思いを伝えた。

「麻生大臣や井上信治科学技術担当大臣は、事前の質問取りはしていませんよ。会見は大臣自身の言葉で伝えられる場なのに、記者の質問に紙の読み上げは本当によくないと思います。記者との出来レースに見えますよ。上川さんは、自分の言葉を持っているので、やはりそれが聞きたいんです」

すると吉川氏はこうつぶやいた。

「そうなんだ。まあ、私の言ったことは気にせず自然体で。どっちにしても大臣は誠実に対応するから」

そう言いながら去っていった。内心は、やれやれ、と思ったかもしれないが、それ以降は何も求められなくなった。

聞くところによると、上川大臣の読み上げる文書は、官僚が作ったものを事前に上川大臣が読み、チェックして手を入れているのだという。しかし、菅首相と同様、やはり読み上げているだけでは迫力がないと感じる。彼女の生の言葉でなく、官僚の作文がベースになっているのがわかるからだ。私はやはり、時の大臣が何をどう自分の頭で考えているのか、自分の言葉で語ってほしいと思う。

その後、かつて社会部で法務省担当だった二人の先輩記者にこのことを話すと、とても驚かれた。

「え！　ありえない。確か会見の仕切りは記者クラブの記者だったし、事前に質問取りなんか一切されなかった。普通に記者たちは更問いをどんどんして、大臣がその場その場で答えていたよ」

10年ほどの間に官邸だけでなく、法務省の会見も台本会見となり、茶番化してしまったのだ。

恐らく大臣だけでなく、法務省の官僚も含めて、メディアに変に揚げ足をとられたくないというのが根底にあるのだろう。「紙に書かれたこと以外はしゃべらないようにしたい」というのが、安倍・菅政権下で徹底され、加速していっているように思う。しかし、果たしてそれは、私たち国民にとっていいことなのだろうか。

上川大臣にも、本人なりの考えがあるはずだ。政治家が法務省のトップになることで、官僚組織にメスを入れ、市民の声を反映していくことだってできる。上川大臣はそういう立場にいるのだ。一政治家としての本音を語ってもらいたいとも思うし、法務大臣に就いたからには、法務・検察が少しでも世の中に理解される組織になるための改革も進めなければならないのではないかと思う。

議員たちとの議論

入管法改正法案の採決は刻々と迫っていたが、4月上旬になっても野党の動きがはっきりしなかった。野党第一党の立憲民主党が、衆議院でこの法案への立ち位置を明確にしていないという噂まで聞こえてきた。

参議院では、政府の改正案に対抗すべく、難民懇の石橋議員や石川大我《たいが》議員が非常に精力的に動き、野党合同法案を提出していたが、衆議院への説明や根回しは行き届いておらず、衆参の足並みが揃っていないようだった。参院で反対の論陣が固まっても、やはり衆院で強行採決される流れを止められないと法案は一気に可決に向かってしまう。

外国人労働者の支援団体であるNPO法人「移住者と連帯するネットワーク（移住連）」などから話を聞くと、衆院でのキーパーソンは、弁護士出身で野党筆頭理事の階猛《しなたけし》議員だという。階議員にいかにこの入管法の問題を理解してもらうか。支援団体や弁護士も頭を悩ませているようだった。

私は真意を聞こうと、階議員に直接取材を申し込んで尋ねた。

「与党法案を丸呑《まるの》みするんでしょうか？」

階議員はむっとした表情で返答した。

「そんなことは言ってないですよ。参院のように法案に対する部分でいろいろ煮詰まっていない部分はありますが、是々非々で議論していきたい。法案に賛成するつもりはまったくない。野党が否決しても与党は強行採決してくるかもしれないですけどね」

決して与党案を呑もうとしているわけではないとわかり、私はひとまず安堵《あんど》した。勢いに乗った私は、取材で聞いたウィシュマさん問題のポイントを階議員に伝え、さらに後日、ウィシュマさん遺族を支援する指宿弁護団を紹介し、より詳細に説明してもらった。

私たちの説明を聞いた階議員は、5期目のベテランらしく、政治を動かすためにどこがポイントかを鋭く見抜いた。それは、ウィシュマさんの収容中のビデオ開示を求めることだった。その後、ビデオ開示の点から、上川大臣に対して巧みな追及を重ねていった。

階議員が強い問題意識を持つようになったことで、立憲民主党として参議院だけでなく衆議院でも法案撤回を求める方向にまとめてくれた。

立憲民主党だけでない。共産党の藤野《ふじの》保史《やすふみ》議員は、外国人問題や入管問題についてライフワークのように関わっており、入管制度に関する知識と報告書を含めた読み込みのすごさには圧倒された。ウィシュマさんと面会を重ねていた支援者にも詳細に話を聞いていた。

国民民主党の高井《たかい》崇志《たかし》議員も、中間報告書を読み「こんなことを許していてはいけない」と怒りに震えていた。私が書いたウィシュマさんの記事も熟読してくれた。なかでも、彼女が亡くなる8日前の2月26日に、ベッドから落ちたにもかかわらず職員が助けてくれず、朝まで床に寝かされ「寒かった」という話を聞いた支援者の抗議に対し、職員は「床にビニールシートを敷いているから大丈夫だ」などと答えたことを国会で取り上げ、「あまりに酷くないですか」と、厳しく追及してくれた。

弁護士出身の維新の串田《くしだ》誠一《せいいち》議員も巧みだった。串田議員に初めて名刺を切ってあいさつした際、「望月さんの『新聞記者』を読みました。ファンです」などと言われ、「え！　維新の議員さんでも読んでくれるのか」と意外な面に驚いた。

維新は、最終的には強行採決に与党が舵《かじ》を切った場合、法案が可決となる可能性もあり、攻め方も一工夫していたように思う。

「コロナ禍で国民がみんな大変な時期に、現在、通さなきゃいけない法案なんですか。水際対策含め、いまやるべきはコロナ対策でしょう」

串田議員はそう追及していた。この点から改正案の問題を指摘してくれたことは、入管問題への関心を持っていなかった市民に「確かにそんなことやっている場合か」と気づいてもらうきっかけになったと思う。

与党である自民党、公明党はどうだったか。「オーバーステイは不法なんだからさっさと帰ってもらわないと」「こんなのぐちゃぐちゃやってないで通せばいいんだよ」と雑に言う自民党の若手・中堅議員もいたが、愛知県選出の伊藤忠彦《いとうただひこ》議員は「これじゃあ殺人と一緒だよ」と怒っていたという。

普段は党の枠組みでしか、国会議員を見ていなかった私だが、入管法改正の審議を通して、党の枠を越えて議員1人1人と向き合い、活発に議論を交わすことができたのは収穫だった。取材し、発信することができる記者ならではの楽しさだった。

若者たちの訴え

ほとんど議論のないまま可決されようとしていた入管法改正法案だが、ウィシュマさん問題もあり、メディアやSNS、そして国会で多く取り上げられて、国会審議中には、シットイン（座り込み）や国会前デモ含め、多くの改正法案反対のデモが開かれ、市民の声が広がっていった。

中でも印象に残っているのが、4月30日に行われた入管法改正案の廃案を訴える高校生や大学生らによる国会前のデモだ。収容施設にいた外国人も含め約150人が集まり「難民一人一人が人間として扱われる日本を望む」と声を上げた。

デモを主催したのは高校3年生ヨハナさん、18歳だ。

「適切な医療を受けられず亡くなったスリランカ人女性のウィシュマさんをはじめ、施設内で暴力を受けたり長期収容のせいで心も体もぼろぼろになってしまった方々がいます」

「国連から人権問題とされているにもかかわらず改正案を進めていることを知りショックです。声なき難民、移民のために声を上げないと。この改正案が通ればさらに多くの被害者が出てしまう。私は望みます。国際社会に誇れる難民が1人の人間として扱われる日本を。そのためには声なき難民、移民のために声をあげていかなければならないのです。キング牧師はこういいました。どんな場所にある不公平もあらゆる場所の公正さの脅威であること。難民や外国人の人権を守れない日本が、この先弱い立場にある日本人の人権を守れるのでしょうか」

自分で考え、必死に言葉を紡ぎ出す姿に、見ていて胸が熱くなった。ヨハナさんはじめ、若い世代の学生がこれだけ集まり、自分の周りにいる外国人が追い込まれている状況をなんとか変えたいと思ってくれている。

ヨハナさんは父親が牧師で、入管に収容されている外国人たちが仮放免される際の保証人になっており、父親から度々話を聞いてきたという。なかなか自分に関係のあることとして感じられなかったが、小学生のときに英語を習っていたカメルーン人女性のマイさんが、その後、入管施設に収容される。

「お腹や胸が痛い」と訴えていたにもかかわらず、1年以上放置され、がんが骨など全身に転移し、亡くなった。その話を亡くなった後に聞いてから、他人事にできないと感じるようになったのだという。マイさんへの在留資格は、死後に届けられた。

「マイさんの死を無駄にしないためにも、法案を通してはいけないんです」

ヨハナさんの覚悟が感じられた。

「廃案になりました」メール

5月18日、午前11時、スマホがメールの着信を知らせた。

「廃案になりました」

入管法改正案の議論に関わっていた議員からだった。会社で法案採決が強行されるかどうか、固唾《かたず》をのんでいた私は、その瞬間、「やった！　やったー‼」と椅子から立ち上がって、社内をかけ回り、目に付いた記者やデスクにそのことを伝えた。急いで政治部にも伝えたが、国会対策委員会を取材している記者たちもまだ裏がとれないということだった。

もしかすると、どの記者よりも早く情報を得られたのかもしれない。共同通信の速報が流れたのもそれからしばらくしてからだった。

法務省の幹部にも「見送りになりましたよ」とメールを入れると、「え!? 嘘でしょ! まったく聞いてない」と返信があった。移住連の安藤真起子さんや山岸素子さんはじめ、お世話になった人や弁護団にも一斉に連絡を入れた。みんな、本当に喜んでいた。

階議員たちは、野党側が改正案に応じる条件として、ウィシュマさんのビデオの開示をしつこく求め続けた。前の週の段階では、法務省幹部は、法案を通すならウィシュマさんの報告書に記載する一部の開示なら応じると回答してきたが、階議員らは「一部では話にならない」とこれを突き返していた。与党もよほどひどい内容のビデオと聞き及んでいるからか、ビデオ開示には応じる気配はなかった。

与党は強行採決の道もあったが、7月には都議選があり、また遅くとも10月には衆議院選挙がある。新型コロナウイルスの感染者が増加し、菅政権の支持率は軒並み下落傾向だったこともあり、断念したのだろう。公明党が強行採決をしたくないという意向を持っているという話も伝わってきた。

後日、5月18日というのが、1年前には、安倍首相肝いりで不発に終わった検察庁法改正法案の見送りを政府与党が決めた日だったことを知った。法務省・検察庁にとっては5月18

日という日付は2年連続で忘れられないものになったかもしれない。

名刺を受け取らない大臣

法案の方は一段落となった。あとはウィシュマさん問題についての事実がどこまで明るみに出せるかだ。

改正法案の提出が断念されたその日、上川大臣、佐々木聖子《ささきしょうこ》入管庁長官が、ウィシュマさんの二人の妹と面会することになった。

当初、上川大臣は、「お会いすることはない」と言っていたがその後、入管の対応に批判が集中したことから、突如「お会いします」と言い始めた。ただし、「法務大臣ではなく、一個人として、上川陽子としてお会いします」と言う。なんとも腑に落ちない物言いだ。法案を通したかった官邸側に何か言われたのだろうか。

私は大臣会見で尋ねてみた。

——官邸から（妹たちに会うように）言われたのですか。

「こうしたことを誰かから言われてすべきものでしょうか」

——それであれば初めからできますよね。

「そういうご質問については、今申し上げたとおりです。自分の気持ちの中の一つの表出として、直接お悔やみを申し上げたいと考えております」

会見で「一個人の上川陽子としてお会いする」と言っていたが、結局、法務省での面会となった。姉の死を知って来日した妹のワヨミさんとポールニマさん、それに指宿弁護士が大臣室に入っていく。上川大臣は妹二人のところに駆け寄って、肩を抱きながら「お悔やみを申し上げたい」と言ったという。まだ若い姉を失った妹たちを前にして、心を痛めないはずはない。そこは恐らくは、大臣の本音だったと思う。

ただその後が解せない。指宿弁護士とは目もあわせず、あいさつもしなかったという。出された名刺を受け取らなかったと聞いた。

今回の件における弁護団の尽力は非常に大きい。彼らがたくさんの人たちから話を聞き、資料を集め、整理し、発表してきた。中間報告には、盛り込まれていなかった外部医師の記録や血液検査の結果などを集め、検証していた。ウィシュマさんの無念を晴らしたいとする弁護団の並々ならぬ活動がなければ、私たちメディアも、そして入管庁の幹部の報告しか聞かない上川大臣も、わからなかったことばかりだ。妹たちも日本語が話せず、知り合いもいない中で、亡くなった姉のために闘ってくれていると弁護団に全幅の信頼を置いている。

上川大臣が、法務省トップとして入管庁の真の改革を望むのであれば、真実を解き明かそうとする弁護団の姿勢に感謝こそすれ、あいさつもしないなどというのはどういうつもりなのか。一人の社会人としてもあり得ない。私はこの話を聞いて、猛烈に腹が立ってきた。

会見で、このことを問いただした。

――大臣はウィシュマさんの妹お二人と面会した際、弁護士の名刺を受けとらなかったと弁護士本人から聞きました。妹たちは日本語も話せない中で、姉のために闘っている弁護士に全幅の信頼を置いています。その人と名刺交換もしないというのは失礼じゃないでしょうか。

「ちょっと、いろいろなことをおっしゃっているので、お話の意味がわからないのですが。いつも質問が長いので、1個1個質問してくださる？」

――ですから、人として対応しているように見えないから、おかしいのではないですか、というふうに聞いたのです。人として対応しているのであれば、会ったときに名刺交換をして、あいさつくらいするものではないですか。今度会ったときも同じような態度をとるんですか。

「おっしゃっている趣旨がよくわかりません」

――じゃあこう聞きます。人として対応したとおっしゃっていますが、では弁護士とあいさつをして名刺交換をされましたか。

「そのことについてはお答えすることは差し控えます」

――わかりました。答えられないということですね。

「いえ、答えられないということではないです。差し控えさせていただきます」

普段は割と落ち着いている上川大臣だが、最後は打ち切るように終わり、会場を出て行った。会見というオープンの場で指宿弁護士を完全無視したことを言われて腹が立ったのかもしれないが、私としては大臣が法務省のトップとして、本気でこの問題に取り組む姿勢が見えないことを危惧《きぐ》していたから聞いたのだ。疑問をストレートにぶつけた結果、言い争いのようなやりとりになってしまった。

質疑後、煮え切らない思いを抱えながら会見が終わり、片づけを始めようとすると、吉川秘書課長が立ち上がった。

「ご報告があります。これにて僕は、異動になりました。これまで、ありがとうございました。皆さん、これからも仲良くやりましょう！」

最後の言葉に、会場の記者たちから、一斉にドドドっと笑いが起きた。若手のテレビ局の男性記者は私の顔を見ながら、肩をすくめておどけた顔をした。「言われちゃいましたね」とでも言いたかったのか。

ここでも官邸記者クラブと同じように、裏で悪者にされているのかもしれない。そう思うと無性に腹が立つし、むなしさが襲ってきた。一方で、記者として、こんなことを秘書課長に言わせていていいのか、冗談じゃないとも思う。仲良くやる必要などあるだろうか。

私は、上川大臣や吉川課長が人として憎いわけではまったくない。政治家として官僚として、皆政府の立場になって日本の市民のために一生懸命、奉仕している。そういう点からもむしろ敬意を持っている。だからといって会見や取材がなれ合いになってはいけない。私は記者という立場で仕事をしているからだ。取材を重ねる中で、少しでも良い方向に入管制度が変わっていかなければ、取材して書く意味などまったくない。

会見に入れること自体、記者の特権だ。しつこく質問しなくてどうするのか。質問していれば、もちろん失敗することもあるし、バカな質問をしていると笑われることもあるだろう。私は現在もそれを繰り返しているが、恥をかくことも必要だと思っている。そうすることで感覚も磨かれるし、権力者に問う力も鍛えられていくからだ。事前に質問を渡し、読み上げられたものをパソコン打ちするだけでは、決してその力は身につかない。

法務省の記者クラブの記者たちは、記者であるなら、何のために質問をするのか、そもそもの記者の原点に立ち返って、もっともっと踏み込んだ質疑をしてほしい。質問によって何かが少しでも変わりうることを実感してほしい。

もやもやとした思いが膨らんだが、いつまでもこだわっていても仕方がない。私は次の取材の現場に向かった。

DV被害への対応

私がウィシュマさんの死亡問題を追う当初からもっとも気になっていたのがDV被害についてだ。

「私、彼氏から長い時間、殴るもらって犬みたいで家の中で怖くて待っていました。ビザないから怖くて仕事やめていましたから彼氏に家賃と食べ物のお金半分あげるできなかったから私もいらない言われた（中略）彼氏に私、貯金してたの、お金全部あげた。あと車も問題についても全部お金あげた。だから入管来るお金もなかった」（ローマ字の原文から）

これは、ウィシュマさんが収容施設からの仮放免申請のときに下書きしたもので、支援者に残していたものだ。

支援者の真野明美さんは私の取材に対し、詳しく話してくれた。

「職員にも（スリランカに帰るよう）追い込まれ、ウィシュマは、憔悴《しょうすい》しきっていました。DVで心も体も傷ついていると一目見てわかりました。あいさつもそこそこに『うちに来てください。一緒に暮らしましょう』と声を掛けると、彼女の顔がパッと輝き、体を揺らすように胸に手を当てて『ありがとうございます』と大きな呼吸を数回したんです。私は彼女が過去に男性に中絶を強要されて薬で堕胎させられたという話を松井さんから聞いていたので、

『おなか痛くないの？』『大丈夫？』と聞くと、『ここに来て初めて私の体を心配してくれる言葉を聞きました』と、顔を覆っておいおいと泣いていました。傷ついた彼女をすぐにでも連れて帰りたいと心が苦しくなりました……」

中絶の際、男性が違法な中絶薬をスリランカから入手して服用させられたため、その後は、体調が悪いとも言っていた。

「私は赤ちゃんを殺してしまった」とひどく傷ついていたという。

この交際男性は、ウィシュマさんが収容された際、同じく入管施設に収容されたが、職権仮放免といい、コロナ禍を理由に仮放免申請もしていないのに許可を受けて、20年11月には仮放免されていた。

施設から出た直後、男性はスリランカのウィシュマさんの母親に電話し、「ウィシュマさんが警察とトラブルになっているから20万円を彼女の口座に振り込むように」などと2度にわたってお金を要求していた。

入管庁に確認すると、入管庁としてウィシュマさんの費用を男性に伝えたことはなかったという。男性がウィシュマさんの収容を利用して、家族からお金を巻き上げようとしていた可能性も浮かぶ。

最終報告書

8月10日、入管庁はウィシュマさん死亡問題に関する「最終報告書」を発表した。報告書では、職員による不適切な対応や医療体制の不備を認め、「危機意識に欠け、そもそも組織として事態を正確に把握できていなかった」とし、医療体制や情報共有などについて、改善が求められている。

入管庁は、名古屋入管の佐野《さの》豪俊《たけとし》局長と当時の渡辺伸一次長を訓告、警備監理官ら2人を厳重注意処分にした。上川陽子大臣は記者会見で「命を守るという基本を常に見つめ直していれば、一層寄り添った対応もあり得た」と述べ、謝罪した。

私は最終報告書を読み、たしかに医師が検証のメンバーに入っていたこともあり、ウィシュマさんの容体の変化については、中間報告に比べれば、細かく検証されていると感じた。恐らく、死ぬ直前の2週間以内の部分は、いずれは提出せざるを得なくなる動画があるため報告書でもごまかすことはできないと、腹を括《くく》ったのだろう。

一方で報告書を作成した6人の外部有識者にDV被害の専門家はおらず、相変わらずその点についてほとんど検証されていないことに愕然とした。DV被害に適切に対応していれば、ウィシュマさんは今も生きていたかもしれない。やり場のない怒りを覚えて、読んだ日は悔しくて夜も眠れなかった。

しかも、交際男性の記述は私が聞いていたこととはまったく違う内容が記されている。たとえば、「スリランカの彼女の母親に3回電話をかけ、ウィシュマさんを助けてほしいと伝え、自分の連絡先をウィシュマさんの妹たちに伝えるように頼んだが、母親には断られた、ウィシュマさんの妹たちからも連絡はなかった」と書かれ、20万円を男性が2度にわたって、せびったことには何一つ触れられていなかった。

私は翌日、入管庁の幹部を追及した。

――なぜ男性が家族に20万円せびっていたことを把握していないんですか。

「把握していたが、男性が否定したから書かなかった」

――男性が拒否した話はここには一切、書かないつもりなんですか。

「……」

この話一つとっても入管庁が真摯に向き合っているとは思えない。むしろ、事実をねじ曲げ、ウィシュマさんの印象を悪くする方向に最終報告書をまとめようとしているようにも見えてくる。

公表された最終報告書からは、ウィシュマさんを担当した女性職員たちのおどろくような対応も記述されている。

ウィシュマさんの体調が悪いという訴えを「仮放免に向けたアピールで、実際よりも誇張がある」と判断し、死亡直前の3月1日には、カフェオレがうまく飲み込めず鼻から噴出したのを見て「鼻から牛乳や」と言って笑ったり、3月5日に何を食べたいかと尋ねた職員に、ウィシュマさんが「アロ…」と声を発すると、「アロンアルファ?」と嘲笑を重ねていた。死亡した日、身動きができないウィシュマさんに「薬きまってる?」との暴言まで放っていた。入管庁の調査に職員は「自分の気持ちを軽くし、フレンドリーに接したいなどの思いから軽口を叩いた」と語ったという。なんたる人権意識の欠如なのか。

報告書を読み解くと、入管庁の中では「強制送還」こそが正義となり、強制送還を促す手段として、懲罰のために収容を続けてきたことが明確になった。

ウィシュマさんの弁護団は、その後、8月17日の会見で、収容に関する1万5113枚の行政文書が8月2日に開示されたと報告した。費用は15万6000円で、その9割超が看守勤務日誌だった。だが、タイトルなど以外はすべてが黒塗りだった。

指宿弁護士は怒りに声を震わせた。

「意味ある記載はすべて消され、秘密主義もここまで来ると冗談のようだ。真っ黒な紙は入管の闇を表す。(上川法務大臣は)口では『心からお詫び』『深くお詫び』と言うが、どこが

開示請求した資料はほとんど黒塗りだった。その書類を壁に貼って会見を行う指宿弁護士とウィシュマさんの妹たち（時事）

だと言いたい」

会見に立ち会った妹のワヨミさんはこう訴えた。

「真っ黒なのは入管がすべて隠したいから。姉の命をもてあそんだ。映像も黒塗りの文書も報告書も母に言う価値はないし、とても言えない。（スリランカでは）日本は良い国と思われてきたが、酷い国だと印象が変わった」

もう1人の妹、ポールニマさんも声を振り絞った。

「姉を殺したのは明らか。黒塗りでごまかさないで欲しい」

入管庁も上川大臣も、遺族の心をどこまで傷つけ続けるつもりなのか。

全件収容主義との決別?

長期収容者は、もっとも多いときで約1300人いたのだが、現在どのくらいなのだろう。私が入管庁警備課に取材したところ、21年9月現在で約150人だという。ピーク時の約9分の1だ。法改正しなくてもここまで減らせるのだ。「オリンピックに向けて安心安全な日本をつくる」という号令の下で、長期収容の方針を取り続けてきた入管庁だったが、想定外だったのは新型コロナウイルスの感染拡大だ。コロナが蔓延《まんえん》しないよう、収容者数を減らしたのだが、それで治安が悪化したかと言えばそういったことはない。

私は、コロナが収まって以降も、このように長期収容者を減らしていくのかを聞いた。上川大臣は、

「一人一人の人間として、適切に対処していきたい」

とありきたりの答えしか返してこなかった。

とはいえ、少しは変化の兆しもある。入管庁長官の佐々木聖子氏は、朝日新聞のインタビューに応じた。記事には次のように記されている。

〈日本の入管政策は、在留資格がない外国人を原則として入管施設に収容する「全件収容主義」と指摘されてきたが「決別すべく、不退転の決意で取り組む」と述べた。収容が長

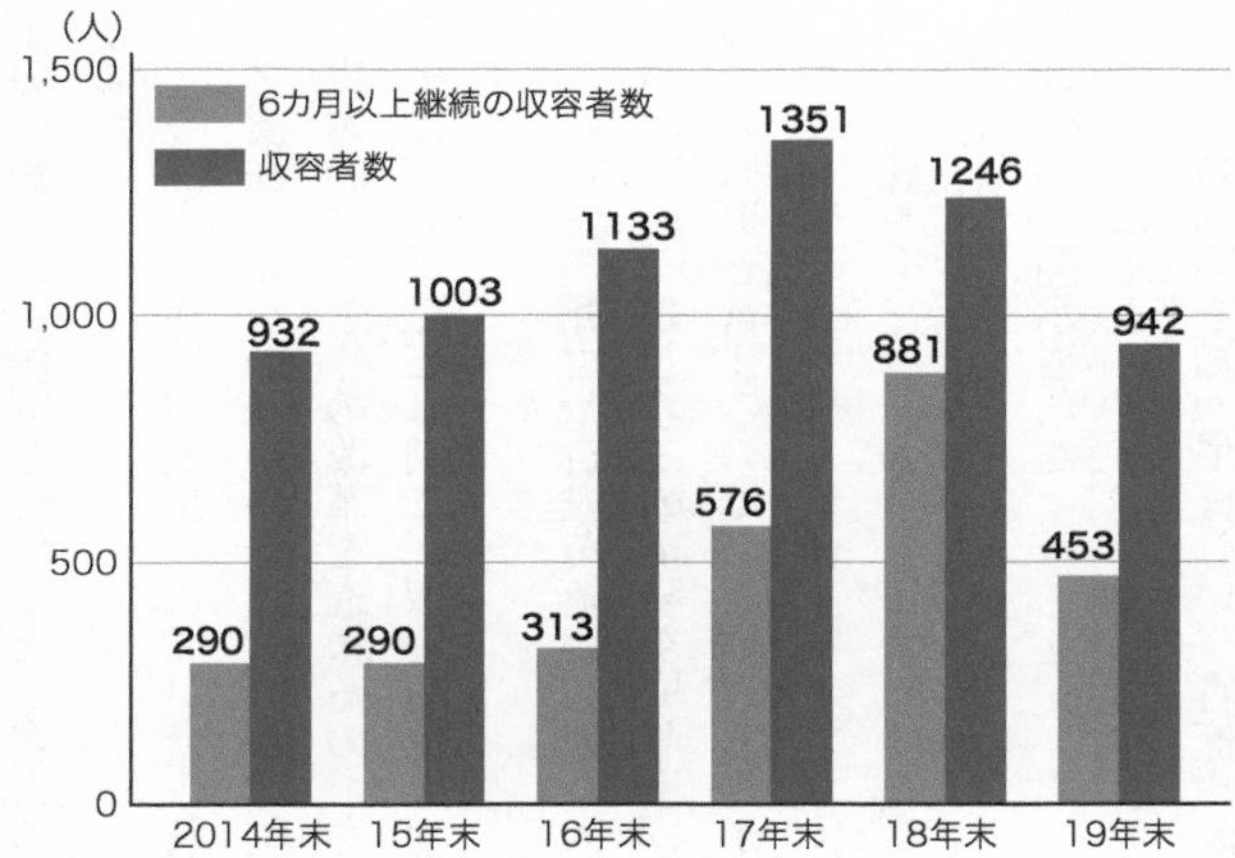

長期収容者数の推移（出典　東京新聞2020年5月9日）

期化するのを防ぐため、長官自身が収容を続けるか検討する仕組みを導入する考えも示した〉（朝日新聞、2021年6月16日）

上川大臣も佐々木聖子長官も、法改正の審議中に「全件収容主義と決別するための法改正」だと繰り返していた。しかし、全件収容主義と決別するには、入管庁に最大限の権限を付与することはおかしいという、根幹を見つめてほしい。上川氏自らが言う「人の命を預かる施設」との立ち位置に入管を変えていくことが必要なのだ。

ある入管庁幹部が私に言った言葉にも耳を疑った。

「望月さん、入管はいろいろ批判されていますが、そもそも現在の状況だって『全件収容主義』からは、決別しているとも言えるんです。要は『全件収容主義』は、解釈の問題ですから」

彼の言うように、現在の状況が全件収容主義から決別しているというのであれば、法改正の必要性さえなかったのではないか。国際社会からの批判を真摯に受けとめてほしい。

抜本的に入管庁の改革を進めるのであるならば、司法審査の導入や収容期間の上限の設定を軸に、入管庁とは別に、収容や仮放免の是非を判断できる機関を設置すべく改革を進めるべきだろう。

被収容者の死亡や自殺を招いてきた入管庁に、収容や仮放免の可否判断の権限を付与してはいけない。むしろその権限を取り上げるべきではないか。それこそが、全件収容主義からの真の撤退と言えるのではないだろうか。

なぜウィシュマさんは命を落とさなくてはならなかったのか。入管で何があったのか。当初は「妹たちに会わない」と言っていた上川大臣も、世論に押されて妹たちに面会した。「保安上の理由で出せない」と言っていたビデオも、わずかな時間、家族だけにという条件付きだが、開示された。

鉄壁に見える入管だが、こじ開けるかぎ穴はあるはずだ。報道を通じ、1人でも多くの市民にこの問題を知ってほしい。官僚や政治家には問題意識をもってもらい、それぞれの行動に繋げてもらいたい。

メディアの批判は、よりよい入管制度を生み出すことにつながるはずだ。さらに日本社会での外国人に対する人権意識の変容にも結び付くと確信している。

私は5月29日に東京の築地本願寺で行われたウィシュマさんを偲《しの》ぶ会に行った。

「なぜ希望にあふれたあなたが、この世を去らなくてはならなかったのか。納得できる日まで追い続けます」

穏やかにほほ笑む遺影に手を合わせ、そう語りかけた。約束はまだ果たせていない。

第七章　風穴を開ける人たち

世界で最も影響力のある100人

約100年前に創刊されたアメリカのニュース雑誌『TIME』が、毎年秋に発表する恒例企画「世界で最も影響力のある100人」の2020年版で、2人の日本人女性が名前を連ねた。女子テニスのグランドスラム、全米オープンで二度目の優勝を果たしたばかりの大坂なおみ選手と、ジャーナリストの伊藤詩織さんだ。

大坂選手は全米オープンで、警察官による暴行で命を落とした黒人犠牲者の名前をプリントしたマスクを用意し、試合ごとに替えながら決勝まで登場。アメリカ全土で展開されていた「Black Lives Matter（黒人の命も大切だ：BLM）」デモへ、積極的に発信した姿勢が評価された。

詩織さんが選出された理由は、誌面に掲載されていた社会学者で東京大学名誉教授の上野《うえの》千鶴子《ちづこ》氏による紹介文が端的に物語っている。

「彼女は性被害を勇敢にも告発することで、日本人女性たちに変化をもたらしました」

アメリカから始まり、日本にも浸透した「#MeToo」運動は、伊藤さんの存在も大きかったと思う。#MeTooは、セクシャルハラスメントや性的暴行の被害体験を、ツイッターやインスタグラムなどのSNSで告白したり、共有したりする際に使用されるメッセージの目印だ。

詩織さんは17年5月に顔を出し、下の名前も公開して、元TBS記者である山口敬之氏から準強姦《ごうかん》被害を受けたと記者会見で告発した。顔や名前を出すことについては、家族からの反対もあったという。山口氏は、当時の安倍晋三首相に近いとされたジャーナリストで、『総理』（幻冬舎、16年）という本も書いている。

会見で詩織さんは、警視庁へ被害届を提出したにもかかわらず、逮捕の執行寸前に逮捕状が取り消され、山口氏は逮捕されなかったこと、山口氏が嫌疑不十分で不起訴となったことなどを語った。不起訴に対して、検察審査会へ不服を申し立てるにあたっての会見だった。

私は詩織さんの姿勢に感銘を受け、編集局で詩織さんの会見を大きく報じるべきだと訴えたが、デスクたちの反応は「不起訴だから」と冷ややかで、ベタ記事で報じるのが精いっぱいだった。

4か月後に検察審査会が開かれたが、不起訴を覆すだけの理由がないとして「不起訴相当」と議決された。刑事訴訟の道が閉ざされても、詩織さんは屈しなかった。直後に「望まない性行為で精神的な苦痛を受けた」として、山口氏を相手取って民事訴訟を東京地裁へ起こしたのだ。

19年12月、東京地裁は山口氏に330万円の損害賠償の支払いを命じた。詩織さん側の訴えが認められた、画期的な判決だった。

やっと掲載されたインタビュー

判決が出る前に詩織さんをインタビュー取材した私は、中日新聞の「あの人に迫る」という欄でロングインタビューを掲載してもらおうと一旦《いったん》記事を出していたが、担当デスクからGOサインは出なかった。地裁の判決が出ておらず、山口氏が争う姿勢を示している中で、詩織さんの話に寄って書くことを承諾できなかったのだと思う。

そうしたなかで出た地裁判決だ。不起訴になった刑事事件とは180度異なる民事での判決は、日本の司法の歴史のなかでも画期的だったと思う。実際、裁判のすぐ後に放送されたTBSの「報道特集」では、キャスターの金平茂紀《かねひらしげのり》さんが、番組冒頭でこの判決に言及していた。

「TBS元ワシントン支局長が就職希望の伊藤詩織さんに性暴力を働いたとして、詩織さんに損害賠償を求められていた裁判で、詩織さんに全面勝訴の判決が出ました。世界的な広がりを見せる#MeToo運動ともつながる画期的なできごとです。今日は残念ながらお伝えできませんが、いつの日かこの問題を取り上げたいと、私は思っています」（12月21日）

このコメントを出すまでに社内でどのようなやり取りがあったのだろう。「私は」に力を込めて話す金平さんの覚悟を感じずにはいられなかった。

金平さんとは普段から取材現場で会ったり、情報交換したりしている。現場取材を第一にあちこち飛び回り、会見などでも為政者に忖度《そんたく》せず、先頭を切って聞きにくいことを聞く。尊敬するジャーナリストの一人だ。金平さんは、本来は、ＴＢＳの中でこの暴行事件の経過と顛末《てんまつ》を、ＴＢＳの責任としてきちんと報道したかったのだろう。

山口氏は、暴行事件で処分を受け、ＴＢＳを辞めたわけではなかった。ＴＢＳの中では事件の経過を含めて、触れてはいけないテーマになってしまったのだろうと感じる。内情を知っている記者やディレクターたちも忸怩《じくじ》たる思いだったのではないか。

地裁判決が出てからも、詩織さんのインタビュー原稿はなかなか掲載されなかった。判決から約5か月後の20年5月、担当デスクや総括デスクとのやりとりを重ね、ようやく掲載された。その後、読者から十通ほど手紙が届いた。大半が詩織さんを応援したり、インタビュー掲載への感謝を記してくれていたが、ごく少数ながら詩織さんを咎《とが》めるものも含まれていた。詩織さんにも非があったのではないか、露出の多い服装が悪い、などというものだ。

後日、この話を詩織さんにしたことがある。「本当にやり切れない思いです」と伝えた。すると、詩織さんは「私もそういうことがよくあるんです」と話してくれた。それでも何とか理解してもらうように努めるという。

「一度、お話を聞かせてください、と返信するんです。でも、決まって返事は来ないんですよね」

「私には声がある」

さまざまな嫌がらせや重圧のなかで#MeTooの声をあげ、被害を訴えてきた詩織さんの勇気と覚悟はいかばかりだろう。20年9月、それが海を越えて『ＴＩＭＥ』誌が選ぶ、「世界で最も影響力のある１００人」に認められたのだ。詩織さんを取材してきた１人として、本当にうれしい知らせだった。

都内で行われた記者会見へ、動画撮影の機材を持って向かった。

質疑応答のなかで、詩織さんはこんなエピソードを紹介してくれた。

『ＴＩＭＥ』誌からの連絡を受けて、山口氏が嫌疑不十分で不起訴になった16年7月に記した日記をあらためて読み返したところ、次のように記されていたという。

「大きな声に耳を傾けるやつに勝つには、小さな声に耳を傾けることだ」

大きな声とは権力者であり、そこに耳を傾けているのは山口氏だけでなく、逮捕状の執行停止を決裁した中村格氏（当時の警視庁刑事部長で、現在は警察庁次長に出世）も含まれていたのではないか、と想像した。

さらに、こう書かれていたという。

「全部殺してくれればよかった、なんて考えちゃダメ。私には声がある」

詩織さんがどれほど追いつめられていたかが伝わってきて、息苦しさを覚えるほどだ。同時に書かれた「私には声がある」という言葉が響いた。詩織さんが持つしなやかな強さに感服した。決意を具現化させたその後の詩織さんの行動は、本当に世界へ強い影響力を与えたと思う。

詩織さんの三つの戦い

記者会見で笑みを浮かべる詩織さんだが、実はこのとき三つの戦いが進行中だった。

一つは、20年6月に起こした訴訟だ。事実とは異なる内容のイラストを描かれ、ツイッターなどのSNS上で名誉を傷つけられたとして漫画家のはすみとしこ氏と、ツイートを転載・拡散した医師とクリエイターの男性2人の計3人を相手取り、損害賠償や投稿の削除、謝罪広告の掲載を求める訴訟を東京地方裁判所へ起こしていた。

もう二つは同年8月、ツイッター上で名誉を傷つけられたとして自民党の杉田水脈氏、元東京大学大学院特任准教授の大澤昇平《おおさわしょうへい》氏をそれぞれ相手取り、慰謝料の支払いと投稿の削除を求める訴訟を同じく東京地方裁判所へ起こしていた。

17年のはすみ氏のツイートは、詩織さん本人だとわかる女性のイラストに「ハニートラップ」や、あるいは「枕営業大失敗」といった文言が添えられていた。性暴行被害を否定するだけではなく、詩織さんが仕事上の便宜を期待して男性を騙《だま》したかのような描かれ方がされていた。リツイートした医師とクリエイターを含め、ツイートはまたたく間に広がり、その内容が支持される状況を生み出した。

杉田氏は、自身のアカウントへ「仕事がほしい目的で、男性のベッドへ半裸でもぐり込むようなことをする女性」などと投稿。詩織さんを中傷する複数の他人の投稿に「いいね」を押した行為で、名誉感情を侵害されたと訴えられた。

このとき、杉田氏にはツイッターに約11万人のフォロワーがいた。いわば公開の場で「いいね」を押し、自身への中傷に好感を示したと詩織さんは主張した。他人の投稿に「いいね」を押す行為が、名誉毀損《きそん》にあたるかどうかが争点の一つだ。

杉田氏は、18年6月にイギリスBBCが制作した、詩織さんを取り上げた番組にも出演し、「女として落ち度がありますよね」などと発言。自身のブログのなかでも、こんな言葉を綴《つづ》っていた。

「伊藤詩織氏のこの事件が、それらの理不尽な、被害者に全く落ち度がない強姦事件と同列に並べられていることに女性として怒りを感じます」

こうした発言を聞くにつけ、第五章でも述べたが、私は杉田氏が一部の人たちが持つ女性嫌悪に忖度して発言しているように思えてならない。

大澤氏に対しては、詩織さんがはすみ氏を提訴した直後、大澤氏が投稿したつぶやきが三次被害にあたると主張した。なお、大澤氏については21年7月に判決が下され、東京地裁は詩織さんの主張を全面的に認め、大澤氏に対して33万円の支払いを命じた。

必死な姿が周囲を動かす

はすみ氏や杉田議員らの言動から提訴するまでに、時間を要したのにはもちろん理由があった。

17年5月に顔と名前を出して初めての記者会見に臨んでから、ネット空間には詩織さんを誹謗《ひぼう》中傷する書き込みがあふれた。自分が攻撃されるのならばまだしも、大切な家族や友人までもが対象となり、写真などがさらされ、詩織さんはひどく心を痛めた。

誹謗中傷する人を提訴するには、それらにあえて向き合い、どれが訴訟するに当たるのかを細かく点検しなくてはならない。精神的な苦痛を考えれば、とても一人ではできない。詩織さんを助けたのが、親交のある評論家の荻上《おぎうえ》チキさんたちだった。

荻上さんを中心に結成されたチームが、SNS空間から詩織さんに関する書き込みを徹底的に分析。約70万件のうち、名誉毀損になりうるものが3万件にものぼると結論づけた。ツイッターへの投稿は約21万件を数え、そのうち4・5%、実に9450件ものつぶやきに詩織さんへの名誉毀損にあたり得る言葉が含まれていた。

はすみ氏らを提訴した際の6月の記者会見で、詩織さんはこんな言葉を残している。

「見なければいいとも言われるが、オンライン、インターネットはいまや欠かせないツールであり、見たくなくても目に入ってきてしまう。それが日常的に3年も続き、精神的にはどんどん負担になっていました。裁判への準備も苦しかった。見返したくなかった言葉をまた見ることになり、気にしまいと思っていても言葉が胸に刻まれていきました」

訴訟の際、詩織さんは会見を開いた。6月には姿を見せたが、8月の会見には現れなかった。6月の訴訟の直前から、緊張とストレスで食事をほとんど取れなくなり、直後に目にした大澤氏のツイートがショックを増幅させたという。

8月の記者会見に出席した代理人の西廣陽子《にしひろようこ》弁護士は「夜も寝られなくなるなど、精神的に追い込まれていく状況が続いていた」と状態を説明している。

「性被害事件の控訴審も続いている。詩織さんは『被害者のためにも自分がやらねば』と思っているが、裁判の数が増えているなかでプレッシャーに押し潰《つぶ》されそうになることもある。

今回は提訴日を決めた時点で、詩織さんは会見に参加しないと決めました」

詩織さんのこうした状況を知っていたからこそ、9月の「世界で最も影響力のある100人」は本当にうれしく、記者会見で輝くような笑顔を見たときには心の底から安心もした。

今後行われる詩織さんの民事の控訴審では、地裁で証拠採用に間に合わなかったホテルのドアマンの証言が資料として提出されるようだ。ドアマンは、詩織さんが声を上げ、抵抗を見せながらもタクシーから降ろされ、ホテルへ連れられていくところを見ていたという。山口氏サイドは高裁での闘いを続けるには、そのドアマンを上回る新たな証言や客観的証拠を出さなければいけない。

ドアマンは当初、ホテルからやんわりと捜査への協力を止められたという。しかし、必死に争おうとしている詩織さんの姿に胸を打たれたとも聞く。詩織さんの覚悟と決意が周囲に伝わり、人々を動かしているのだ。

膨大な誹謗中傷が襲い掛かる中で、あきらめず声を上げ、司法の場で主張を認めさせ、さらに世界からも選ばれた。その姿を見ると私も簡単に負けられないという思いが湧いてくる。

助成金の不交付

異論を認めさせない空気に正面から異を唱え、風穴を開けるもう一人が、スターサンズの河村光庸《かわむらみつのぶ》さんだ。

河村さんとは私の書籍を原案とし、19年6月に公開された映画「新聞記者」のプロデューサーとして初めて会った。その後、森達也さんが監督を務め、私を追ってくれた映画「i――新聞記者ドキュメント――」もプロデュースした。

「新聞記者」のすぐあと9月に公開された映画「宮本から君へ」では、思いがけないことが起きていた。出演していた俳優のピエール瀧《たき》氏が麻薬取締法違反で逮捕されたのち、日本芸術文化振興会（芸文振）から交付されるはずだった助成金が不交付になったのだ。芸文振は文化庁所管の独立行政法人だ。

あらましはこうだ。映画が完成したのは19年3月。ピエール瀧氏は3月12日に逮捕されたが、芸文振は29日に1000万円の助成を決定した。4月にスターサンズが交付の手続きを進めようとしたところ、芸文振が書類の受け取りを拒否。その後「公益性の観点から適当ではない」などとして、7月に不交付を通知した。交付不交付の結論が出ない中で映画は公開され、ピエール瀧氏のシーンもそのまま上映された。なお、ピエール瀧氏の出演シーンは129分ある映画の11分だった。

スターサンズが助成金の申請をした3月の時点では、助成の条件に「公益性の観点」という文言はなかった。芸文振は9月になって後付けで、次の一文を付け加えた。

「助成対象団体が団体として重大な違法行為を行った場合や、助成対象活動に出演するキャスト又は制作に関わるスタッフ等が犯罪などの重大な違法行為を行った場合には、『公益性の観点』から助成金の交付内定や交付決定の取消しを行うことがあります」

芸文振のこの対応に、河村さんは12月に訴えを起こした。出演者であるピエール瀧氏の不祥事を理由に助成金の交付を取り消したのは、憲法が定める表現の自由を侵害しているとして、決定取消しを求めたのだ。

「内定後の不交付は過去に例がなく、裁量権の逸脱だ」

会見で河村さんはそう語っていた。

判決は21年6月21日に東京地裁（清水知恵子裁判長）であった。清水裁判長は、「裁量権を逸脱または乱用した処分だ」として、芸文振の決定を取り消す判決を言い渡した。私は訴訟のときからこの問題を追いかけており、芸術活動の萎縮《いしゅく》を招くような今回の交付取消しには危機感を持っていただけに、この判決に驚き、心からうれしく思った。ただ会見場に現れた河村さんの表情は厳しかった。

会見で口火を切ったのは弁護団の四宮隆史《しのみやたかし》弁護士だ。

「原告の主張は全面的に認められました。かなり踏み込んだ、我々が主張した事情がほぼ認められた。文化芸術活動の独立性、自主性、創造性を重視した画期的な判決で、裁量権の逸脱があったと指摘している。驚くような判決でした。（中略）映画関係者の一人が刑事処分を受けたことで内定していたものが不交付になる、これがまかり通ってしまうと、助成金を受けての製作をためらうことにつながる。萎縮効果が及んでしまうが、全面的にこちらの主張が認められた。すべての人に勇気と希望を与える判決です」

続いて河村さんが硬い表情のままコメントした。

「文化庁や芸文振に聞きたかったのは『文化芸術での公益性とは何か』ということでした。その問いへの答えは、訴訟の中で得られませんでした。一方では大変うれしく、私の人生でこんなに喜ばしいものはありません。映画業界の人たちが希望を持てる判決です」

河村さんは当初から「公益性」という言葉に強い関心を示していた。この日の会見では12年に自民党が提出した憲法草案を引き合いに出した。

「現行の憲法では、表現の自由は守られるべきと書かれていますが、平成24年の自民党の憲法草案には、公共の秩序と公益性に反するものは表現の自由の限りではないとしています(自民党憲法草案第二十一条では表現の自由を保障するとしながら、2として『前項の規定にかかわらず、公益及び公の秩序を害することを目的とした活動を行い、並びにそれを目的として結社することは、認められない』とある)。ここにも公益という言葉が出てきます。私は、公益性とは、国民の一人一人の利益の積み上げだと思っていますが、公益性という言葉を使って、為政者が憲法を為政者のためのものにしようとしていると懸念しています。私はこれからも文化芸術における公益性とは何かを追及していきたい」

私はこの会見を聞きながら、河村さんがこの訴訟だけではない、もっと大きな枠組みで戦っているのではないかと感じた。本来、公益性とは、日本にいるすべての人々にとって有益になるべきものだと思うが、安倍・菅政権になり、この「公」が、日本の国民、市民ではなく、「為政者」にすり替えられているように感じる。

河村さんはこう続けた。

「為政者が人間たる表現をうやむやにし、ないがしろにしようとしている。為政者によって言葉が踏みにじられていく。この現実を直視していきたい。現状肯定では文化芸術が発展しないのは、歴史を見れば明らかです。突破しなければいけない壁にぶつかり、越えていかなければならないと思っています」

ネットフリックスでの展開

河村さんのアグレッシブさにはいつも驚かされる。アイディアが次々に湧くだけではなく、多くの人を巻き込みながら、それを形にしてしまう。「かぞくのくに」「あゝ、荒野」「MO

THER」「ヤクザと家族」など、現代社会が抱える歪《ゆが》みをエンタテインメントに昇華させた作品はいずれも評価され、数々の賞を受賞している。

映画「新聞記者」では、現実の政治状況や事件にリンクさせながら、まったく別の作品として世に送り出した。政権に切り込んだテレビ番組の司会者や識者が次々に降板させられるなど、社会全体が自主規制と畏縮ムードに満ちるなか、表現の世界に風穴を開けたといっていい。主演はシム・ウンギョンさんと松坂桃李《まつざかとおり》さん、30代の藤井道人《ふじいみちひと》さんが監督を務めた。

公開後、河村さんはたびたび私に電話をくれて、うれしいニュースを聞かせてくれた。連日満員が続いていること、パンフレットが品切れで増刷されたこと、JALの機内で放送されることなどだ。映画の製作委員会では、営業担当の方たちが、公開館を増やしたり、1日の上映回数を増やしてもらえないか、と各映画館に交渉を続けたりしているという。当初143館だった公開館はどんどん増えたそうだ。

うれしい話題の一方で、公開終了後のテレビ放送を交渉しているのだけど、まだうまく行っていないと言っていた。

実際、民放テレビ局は無反応が続いていた。たった一度、放送されたのはTBS系の「王様のブランチ」で、興行成績トップ10の10位に入ったときだけだ。

こんなこともあった。公開から約1か月となった7月23日には、新宿ピカデリーで「大ヒット御礼舞台挨拶《あいさつ》」が行われた。主演のシム・ウンギョンさん、松坂桃李さんが登壇。笑顔を見せながらヒットへの喜びを語った。上映している映画館の支配人からもメッセージが届き、「上映後に拍手が起こることもある」「毎回満員御礼」などのコメントが紹介され、会場は和やかなお祝いムードに満ちていた。

この日、私も映画館に行って舞台上で主演のお二人が醸し出す空気と、キラキラ輝くお二人のやりとりをうれしそうに見つめながら拍手を送る客席の人々を、格別の思いで眺めていた。映画に込められた思いはきっといろいろな形で人々に伝わっているのだろうと感じた。

映画館の最後列には多くのメディアが取材に来ていた。スチール撮影はもちろん、テレビカメラも多く入っている。

「やっと民放でも放送されるね」

スタッフの方々とそんな話を交わしていた。

舞台挨拶が終わって数時間すると、映画関係のネットメディアはもちろん、さまざまなニュースサイトで、挨拶の様子がシムさんと松坂さんの機知にとんだコメントとともに紹介された。しかし、またしてもテレビは無反応だった。翌日になっても、翌々日になっても、結局放送されなかったという。確かに取材に来ていたのだが……。シムさんと松坂さん、人気のお二人の華やかな様子はワイドショーなどで格好の材料と思うのだが、なぜ放送されなかったのか。より多くの人に知ってもらえる機会だったので、本当に残念に思った。

その後もテレビではまったく取り上げられなかったのだが、思いがけない展開が待っていた。20年3月に行われた19年度の日本アカデミー賞で、映画「新聞記者」が最優秀作品賞、主演男優賞、主演女優賞の主要3部門を受賞したのだ。

この日、私は自宅のテレビで発表の様子を見ていた。別件の原稿書きをしながらだったのだが、主演男優賞に松坂さん、主演女優賞にシムさんの名前が次々と発表されると、知り合いから歓喜のメールが次々と入った。

「おめでとう！」

「すごいね！　ここまで暗に政府を批判した映画がみんなに受けいれられたんだ！」

「みんな、政府のやっていることに怒っている」

連絡が途絶えていた小中学校の同級生たちまでが連絡をくれた。映画の反響はすごいなと改めて思い、テレビのＣＭなどは一切打てない中で、口コミで支えてくれた鑑賞者への感謝の気持ちで胸がいっぱいになった。あらためて、映画の持つ力を思い知らされた。

受賞を受けて、はじめてしっかりテレビで紹介されたので、それでこの映画のことを知った人も多かったようだ。最終的に３３２の映画館で上映されたそうだが、コロナ感染拡大のために縮小を余儀なくされたのは残念だった。

新しい「新聞記者」

河村さんは一つに満足しないし、立ち止まらない方だ。日本アカデミー賞の受賞からしばらくしてもらった電話にはまた驚かされた。新聞記者を主人公にしたドラマがネットフリックスで実現しそうで、しかも主演は米倉涼子《よねくらりょうこ》さんだという。

米倉さんは、私と同じ歳だ。米倉さんといえば「私失敗しないので」の女性外科医がまず思い浮かぶ。強くてたくましいイメージがあるが、雑誌のインタビュー記事などを読むと「自分に自信がないんですよ」と話していた。世間のイメージとは違い、繊細な米倉さん像も浮かぶ。そういった部分が、単に強くて物怖《ものお》じしないというだけでなく、人への優しさ、弱い人たちの痛みへの共感を持った女性として、私を含めた世の女性たちの熱い支持を受けているのではないだろうか。

米倉さんがどんな新聞記者を演じるのか、話を聞いた瞬間からワクワクしてきた。監督は再び、藤井道人さんが務めるという。

ネットフリックスは動画配信サービスで世界を席巻しており、コロナ禍でのステイホームもあって、加入者が爆発的に増えている。

あれよあれよという間に話が進み、撮影は20年夏から始まることになった。新聞社のシーンの撮影は、映画と同様に東京新聞の編集局を使わせてほしいという依頼を受けたと聞いた。コロナ禍ではあったが、ＰＣＲ検査を毎日おこなうなど、感染対策を徹底するということなどを条件に、最終的に東京新聞の菅沼堅吾代表も承諾してくれた。

「若い人にも共感をもって読まれる新聞とは何か。新聞業界やジャーナリズムというテーマにしっかりスポットを当ててくれている。せっかくの機会だから提供しないとな」

菅沼代表が後にＯＫした理由をそう教えてくれた。本当にうれしかった。

撮影におじゃまするると、人数を制限したり、検温、消毒など、現場の感染対策は徹底されていた。撮影に入れるスタッフの数は、コロナ禍を受けて、かなり厳選しているように感じた。

映画の現場で驚かされるのは携わる人たちの圧倒的な集中力だ。藤井監督の撮影では、一つのシーンを一回撮って終わり、ということはまずない。何度も何度も撮る。正面、横から、遠くから、手元から、あらゆる角度で同じシーンを撮る。1シーンに1時間かけることも珍しくない。撮り直すたびに、監督からちょっとした調整がある。役者さんにはセリフの言い回しや表情、顔の角度、スタッフの方たちには光の当て方やカメラの動きなどなどだ。それを受けて、役者さんはまた同じ集中力で演じ、スタッフの方はまた同じ集中力で自分の仕事をする。

私は小中学生のころに児童劇団に所属していて、舞台に立っていた。舞台は基本的に、失敗も成功も一度きりだ。その一回にすべての集中力を注ぎ込む。一方で映画は、何度も何度も同じ演技をする。何度もあるといっても、どのカットを使うかわからないので、毎回全力で演技しなければならない。カメラや音声など、スタッフの方も同様だ。これは想像以上に果てしない、労力のいる作業だ。

私は思わずスタッフの人に聞いたことがある。

「しんどくないですか。よく続けられますね」

するとそのスタッフは教えてくれた。

「たしかに撮影のときは、拘束時間は長いし、室内では雑音を排するためにエアコンも切られるし、天気に左右されるし。今日はいつ終わるのかと思うときもあるけれど、できあがりを見たときの感動は何にも代えられないんですよね。あの感動があるとやみつきになるんです。止められないですね」

実際の映画の現場を目の当たりにして、私はその後の映画の見方が変わった。何気なく見えるワンシーンも、何度も何度も撮っているのだろうな……と思うと、見過ごせない。役者さんやスタッフの方に尊敬の思いを持つようになった。

当の河村さんはあまり撮影現場には来ない。自分はプロデュースする側で、現場は監督をはじめとしたその道のプロに任せる、見てこまごまと口出しするのは良くない、というスタンスだという。

河村さんは、映画「新聞記者」で、映画界で権威のある19年度新藤兼人賞《しんどうかねと》プロデューサー賞及び藤本賞《ふじもと》を受賞した。その会見できっぱりこう言い切った。

「こんな映画を作って圧力とかあるんじゃないの、とよく聞かれますが、ありません！　びっくりするほどなかった。それは私が証明します」

映画「新聞記者」のパンフレットで、「映画こそ真に自由な表現を」と記している。映画や表現で新たな創造をするためには真の自由が必要なのだという信念がにじむ。

異論を認めない空気を仕方がないと受け止めるのではなく、風穴を開けていく。河村さんの姿勢にはいつも励まされている。

多様な高校生たちのCM

もう一人、風穴を開けるという点で感服した人がいる。家庭教師をしていたときの教え子の鎌田《かまた》慎也《しんや》さんだ。

私は大学2年生だったとき、家庭教師のアルバイトで慶應幼稚舎4年生の男の子を教えることになった。私が大学4年生のときに留学することになったため友人に引き継いだが、彼が6年生の途中まで見ていた。

初めて教えた日のことは今でも忘れられない。私にとっては初めての家庭教師で少し緊張していた。彼から「これどういうことですか?」と聞かれた質問にすぐに答えられなかったのだ。「うーん……これは……」と考えていたら、こう言われたのだ。

「クビだな」

実際はクビにはならず、約2年間続けて教えた。慎也さんのお母さんは宝塚《たからづか》出身で、美味《おい》しい手料理の夕食などを毎回、ご馳走《ちそう》してくれた。クリスマスパーティーに呼んでもらったりするなど、ご家族にとてもかわいがってもらった。

慎也さんはその後、慶應大学に進み、大学院に行った。勉強だけではなく、サッカー部でも活躍、私が家庭教師をやめた後も折に触れて連絡をくれていて、『武器輸出と日本企業』の新書を初めて出したときも、「メディアが報じない、政府が説明しない、企業が公開したがらない領域を丹念に取材していますね」などと感想を寄せてくれた。連絡をもらうたびに、新しい世界にどんどん踏み出している慎也さんの状況を知って素直にうれしかった。

その彼から大学院を卒業してから連絡があった。

「表現する仕事をしてみたいとワイデン・アンド・ケネディに入り、本社のポートランドに引っ越しました」

ワイデン・アンド・ケネディ社はアメリカのポートランドに本社を置く広告代理店で、NIKEのCMなどを手掛けている。

よくよく聞いたら、大学を卒業するときに国内の大手広告代理店からも内定を得ていたという。ただ彼の中に迷いが生じた。日本の大手広告代理店は、体育会系のイメージの会社だ。彼自身、大学までサッカーが好きで体育会系の中でやってきた。大学と企業、環境は変わるけれど、同じ雰囲気のなかで成長できるのだろうか――。

そう考えて大学院に進んだというのだ。大学院にいるときも環境に配慮したエコバッグなどを製作・販売するブランド「蝉 semi」を立ち上げるなど、クリエイティブな試みを続けていた。大学院時代にワイデン・アンド・ケネディでインターンをしたこともあり、例外的に新卒として採用されたという。

企業の覚悟と表現の可能性

慎也さんが働くワイデン・アンド・ケネディ社は、18年にアメリカを二分するCMを作ったことがある。

発端は16年のことだ。アメリカンフットボールのコリン・キャパニック選手が、試合前の国歌斉唱の際、人種差別に抗議してひざまずいた。この行動に賛同する選手が相次いだ一方で、キャパニック選手の処分を求める声も膨らんだ。国内を巻き込んだ騒動になっていく中で、トランプ大統領は17年9月、ツイッターで「アメリカ国旗を侮辱することは許されない」と批判。NFLは選手会の反対を押し切って18年、国歌斉唱のときにひざまずく行為を禁止した。キャパニック選手も17年以降、契約を更新されなかった。

その選手を、NIKEが「Just Do It 30周年」の記念広告に起用したのだ。広告は、モノクロのキャパニック選手の大きな顔写真の上に、「Believe in something. Even if it means sacrificing everything.（何かを信じろ。たとえそれがすべてを犠牲にすることを意味しても）」と書かれている。

この広告には、政権などへの忖度もない、NIKEという会社の覚悟を感じる。表現の自由が保障されているから、表現者も表現を広げられるのだろう。

補足すると、アメリカではBLM運動が浸透し、20年6月にはNFLのコミッショナー、ロジャー・グッデル氏がホームページに声明を発表。「選手たちの言葉に耳を傾けなかったのは間違いだった」と謝罪した。

教え子が作ったNIKEのCM

20年12月、ユーチューブに上がったNIKEの企業CMが話題になっていた。いじめにあっている子や日本に住むアフリカにルーツを持つ子、在日朝鮮人の子など、さまざまな高校生が主人公で、学校や社会での苦しさをスポーツを通して乗り越えていく様子を描いたものだ。アスリートの実体験をもとにしてつくられた、と発表されている。

私はこの動画を見たとき、こんなふうにメッセージ性の強い企業CMが作れるクリエイターがいるのかと心底感動した。

後日、このCMを作ったのが慎也さんだとフェイスブックで知って驚いた。私は慎也さんにメールした。

「もしやこれ！　慎也くんがやった？　すごくいいね！」

動画はまたたく間にシェアされて、国内外で記録的な再生回数となった。コメント欄には、「感動的だ」という称賛もあったが、「日本には差別はない」「反日CM」などといった批判的な声も多く、ツイッターにも拡散して賛否が入り乱れた。

NIKEは「全ての人に対する包摂性と敬意、公平な対応を訴えていく」とコメントを出した。私はこれが世界標準なのかと心底感銘を受けた。日本の電通《でんつう》や博報堂《はくほうどう》だったらこういったCMを作るのはかなり難しい、いや、そもそもできないのではないだろうか。

組織内での言論や表現の自由が保障され、利益だけにとらわれず、忖度なくその先の社会を変え、未来を創造しようとしているからこそ、日本国内では考えられないような表現のC

Mがつくれたのではないか。多様性を重視し、マイノリティに光を当てる。批判も覚悟の上で、正義とよりよい社会を信じて企業理念を伝える。かつての教え子が、私の常識を更新してくれた。いつの間にこんなに立派な青年に成長してくれていたのかと、思わず胸が一杯になった。

おわりに

ウィシュマさん問題を追っているさなか、ある事件のことを知った。

東京都に住む南アジア出身の40代の母親Bさんが、3歳の長女を公園で遊ばせていたところ、男性から絡まれたという。

「日本から出て行け」「在留カードを見せろ」

男は自分の子どもが、Bさんの長女に蹴《け》られたと主張して怒鳴り続け、暴力を振るいそうになった。Bさんは「警察を呼んで」と、近くの警備員に助けを求め、同時に知り合いの市役所職員に電話した。追い掛けてきた男がBさんから携帯を奪い、電話口に向かって、「こいつは在留資格あるのか」「なんで○○区のやつがいるのか」「○○区はテロリストだ」などと騒ぎ出したという。警備員は男に「みっともないから止めなさい」と諭した。

騒ぎを聞き、助けに入った30代男性が「落ち着いた方がいい」と男に話すと、男性にも「訴えるぞ、カス」「俺の年収は3000万あるから、年収3000万以下は人ではない」などと言い、止めに入った別の高齢者男性にも「老害、年金で生きる価値ない。死ね」などと声を荒らげたという。

これだけでも耐えがたいのだが、おどろくのはここから先だ。通報を受けて到着した警察署の刑事ら6人は、罵倒《ばとう》をつづける男をたしなめず、3歳の長女に「どうせお前が蹴ったんだろう」「本当に日本語しゃべれねえのか」などと暴言を吐いたという。信じられないような話だが、助けに入った目撃者の30代男性に私が直接話を聞いたところ、「そう言っていて、まさかと耳を疑った」と証言した。

その後、親子は警察署に連行され取り調べを受けた。約1時間後、刑事は突如、Bさんだけ部屋を出て行くよう指示。部屋には3歳の娘と刑事数人が残った。その間、12分超。取り調べ室で泣く娘の声が聞こえたため、Bさんが勇気を出してドアを開けると、娘は目を真っ赤にして泣きはらしていた。

さらに刑事はBさんに、「男に携帯番号を教えないと帰れない」と言い、息子のお迎え時間が迫っていたBさんは仕方なく刑事に番号を伝えた。その後、刑事は携帯番号だけではなく、Bさんの許可なく住所や氏名まで男に教えていたことも判明する。

事件から9日後、警察は男の言い分のまま「母親が娘の監督を怠った」と、児童相談所にも通告。児相は、Bさん側の弁護士と本人から事情を聞き、問題なしと判断した。

衝撃をうけた私は、警察に一連のことについて取材を進め、見解を求めた。メールで回答が寄せられた。

「個別案件については回答を差し控える」

事件後、長女は夜泣きで何度も起き、一般の人であっても男性を見ると怖がるようになった。病院では、取り調べなどが影響し、心的外傷（トラウマ）的エピソードによる不眠と診断された。その後、過呼吸症候群を発症したと聞き、本当にいたたまれない気持ちになった。

日本での外国人蔑視《べっし》は根強い。新型コロナウイルスの影響もあり、だれもが苛立ちを抱えている。かといってそれを外国人に向けていいはずはない。

第六章でも記したが、政府は国連などの再三の勧告にもかかわらず、オーバーステイの外国人を収容する方針を掲げてきた。就労ビザを得て就労しているのは、大半が東南アジアや南アジアの人々だ。それもあるのか、東南アジアや南アジアの人＝オーバーステイという決めつけが起きてしまうのではないだろうか。


コロナ禍でさまざまな不条理な出来事が続き、職を失い、大幅な収入減に苦しむ人たちの声を聞いた。そのなかで、還暦を迎えたタクシー運転手の男性から聞いた話が印象に残っている。男性は4人の育ち盛りの男児を育てていたが、タクシーの売り上げはコロナ禍前の4割の20万円に落ち込んだという。

子どもは中3、中1、小6、小4の男の子4人で、食費や学費もかかる。フィリピン出身で39歳の妻も裁縫工場でパートをするが、シフト減で月4万円程度にしかならないという。

昨年は、100万円の持続化給付金で何とか乗り切れたが、学費や食費などで貯金も底をつき、日本政策金融公庫から借りた300万円を生活費にあてるようになったという。

「長男は、来年は高校。次男、三男、四男も受験と考えると、元気なうちに子どものためにもっと働きたいが何分、仕事がなく先が見えないんです」

最初は電話で話をしたのだが、その声は暗かった。

しかし、いざ直接会って取材をすると、男性は思いの外明るく若々しかった。

「生活は確かにとても大変ですが、それでも前を向けるのは、4人の子どもたちが勉強やサッカーを一生懸命、がんばってくれているからです」

中3の長男は昨夏から、NPO法人キッズドアが運営する無料の学習塾に通うようになり、学校の成績が伸びたとうれしそうに話してくれた。

男性の話を聞きながら、お金以上に人間が生きる上で大切なものを改めて考えさせられた。これまで私は、お金があっても不幸な人、事件に巻き込まれる人を何人も取材してきた。人間が生きていく上で一体何が大切なのか。お金よりもずっと大切なことは、「この人のためにがんばろう」と思えることなのかもしれない。

我がことを振り返ると、日々、ギリギリと相手先を追及する取材を続けて苛立つ私の気持ちを穏やかにしてくれるのは、生意気だがかわいい子どもたちの存在だ。

娘は小学4年生、歌が好きなしっかり者だ。ユーチューブを見ながらテイラー・スウィフトなどの歌を耳で覚えて、きれいな発音で歌うのには驚かされる。私が先に出かけるときには「鍵《かぎ》持った？　携帯は？　お財布もある？」と、そそっかしい私の荷物のチェックをしてくれる。

小学2年生の息子は、フィクション、ノンフィクションを問わず物語を作って書くのが大好きで、これまで「ママについて」「ミーミ（家で飼っているヒョウモントカゲモドキ）になっちゃった」「エメラルドの秘密」という3作品を書いた。どれも章立がなされており、完成に2〜3か月をかけた力作だ。起承転結があり、しっかり落ちまで考えられている。私から見てもうらやましいほどだ。

二人を寝かしつけにいくと、たいてい「足をマッサージして」「肩もんで」とマッサージをねだってくる。仕方ないなぁ、と思いながらマッサージをしていると、ふと4年前に天国に旅立った母のことを思い出した。そういえば私もいつも母にマッサージをしてもらっていたのだった。今さらながら天国の母へ、感謝の気持ちが湧いてきた。

一人でがんばり続けるのは苦しいが、私は決して孤独ではない。家族や遠方に住む義父母、会社の同僚や記者仲間、友人たちがいつも叱咤《しった》し、励ましてくれる。取材現場でも、匿名で情報を届けてくれる関係者、無知な私に丁寧に教えてくれる専門家など、多くの人が支えてくれている。

この本を書くに当たって、腰の据わらない私を叱咤激励しながら『新聞記者』に続く作品を出そうと奮闘していただいた編集者の堀由紀子さんにも心から感謝したい。同じ歳の堀さんは、子育てや仕事の苦労、政治や社会問題への怒りなど、私ととても似ている(と私が感じる!)テーマの話題が多く、彼女にはいつも本音をさらけ出し、わがままでおっちょこちょいな、あるがままの私を受けとめてもらいながら本書を世に出すことができた。

私を励ましてくれる一人一人に何とか応《こた》えたいという思いが、日々の原動力になっている。支えあい、学びあう人に優しい社会に向けて何ができるのか。一記者として一人の人間として、取材を重ね人と議論し、考え続けていきたい。

2021年9月

望月衣塑子

望月衣塑子（もちづき・いそこ）
1975年、東京都生まれ。東京新聞社会部記者。慶應義塾大学法学部卒業後、東京・中日新聞社に入社。千葉、神奈川、埼玉の各県警、東京地検特捜部などを担当し、事件を中心に取材する。経済部などを経て社会部遊軍記者。17年6月から菅官房長官の会見に出席。質問を重ねる姿が注目される。そのときのことを記した著書『新聞記者』（角川新書）は映画の原案となり、日本アカデミー賞の主要3部門を受賞した。現在は、入管や外国人の労働問題などをテーマに取材を続けている。著書に『武器輸出と日本企業』『同調圧力（共著）』（ともに角川新書）、『自壊するメディア（共著）』（講談社＋α新書）など多数。

報道現場《ほうどうげんば》

望月衣塑子《もちづきいそこ》

2021年10月10日　初版発行
2024年12月5日　8版発行

◆◇◇

発行者　山下直久
発　行　株式会社KADOKAWA
〒102-8177　東京都千代田区富士見2-13-3
電話　0570-002-301（ナビダイヤル）
装丁者　緒方修一（ラーフイン・ワークショップ）
ロゴデザイン　good design company
オビデザイン　Zapp!　白金正之
印刷所　株式会社KADOKAWA
製本所　株式会社KADOKAWA

角川新書

ISBN978-4-04-082394-2 C0236